**LA JOIE FAIT PEUR**, comédie, par M<sup>me</sup> ÉMILE DE GIRARDIN... 1 fr. 50
**LA CRISE**, comédie en 3 actes, par OCTAVE FEUILLET.......... 1 fr. 50

# ACADÉMIE IMPÉRIALE DE MUSIQUE

# GEMMA

## 1 franc

### DERNIÈRES NOUVEAUTÉS EN VENTE :
*Format in-18 anglais.*

| | |
|---|---|
| UN BEAU-PÈRE, par CHARLES DE BERNARD, 1 vol.................. | 3 |
| VOYAGES ET VOYAGEURS, par CUVILLIER FLEURY, 1 vol. .......... | 3 |
| SCÈNES DE LA VIE FLAMANDE, par HENRI CONSCIENCE, 1 vol......... | 3 |
| MÉMOIRES D'UN TOURISTE, par DE STENDHAL, 2 vol................. | 6 |
| RACINE ET SHAKSPEARE, par DE STENDHAL, 1 vol.................. | 3 |
| HISTOIRE DES CAUSES DE LA GUERRE D'ORIENT, par EUG. FORCADE, 1 vol. | 3 |
| SCÈNES ET COMÉDIES, par OCTAVE FEUILLET, 1 vol................. | 3 |
| LES NUITS D'ORIENT, par MÉRY, 1 vol...... .................. | 3 |
| LES SOIRÉES DE TAVERNY, par CLÉMENT CARAGUEL, 1 vol............ | 3 |
| VIE DE ROSSINI, de STENDHAL, 1 vol........................... | 3 |
| ÉTUDES HISTORIQUES ET LITTÉRAIRES, par CUVILLIER-FLEURY, 2 vol.. | 6 |
| SOUV. ET RÉCITS DES CAMPAGNES D'AUTRICHE, par BLAZE DE BURY, 1 vol. | 3 |
| CAUSERIES LITTÉRAIRES, par ARMAND DE PONTMARTIN, 1 vol......... | 3 |
| LABOUREURS et SOLDATS, par J. AUTRAN, 1 vol................... | 3 |
| CONSTANTINOPLE, par THÉOPHILE GAUTIER, 1 vol.................. | 3 |
| LA VIE A VINGT ANS, par ALEXANDRE DUMAS fils, 1 vol........... | 3 |
| SCÈNES DE CAMPAGNE, par HENRY MURGER, 1 vol................... | 3 |

MICHEL LÉVY FRÈRES, LIBRAIRES-ÉDITEURS

RUE VIVIENNE, 2 BIS

M<sup>me</sup> V<sup>e</sup> JONAS, LIBRAIRE DE L'OPÉRA

PARIS — 1854

## Chez les mêmes Éditeurs.

# MUSÉE LITTÉRAIRE DU SIÈCLE

### CHOIX DES MEILLEURS OUVRAGES MODERNES.

*Il paraît deux livraisons par semaine, ou une série tous les quinze jours.*

*20 centimes la Livraison, composée de 24 pages.*

## EN VENTE, OUVRAGES COMPLETS :

**ALEXANDRE DUMAS.**

| | | |
|---|---|---|
| Les Trois Mousquetaires... | 4 vol. | 1 50 |
| Vingt ans après............ | — | 2 » |
| Le Vicomte de Bragelonne. | — | 4 50 |
| Le Chev. de Maison-Rouge | — | 1 10 |
| Le Comte de Monte-Cristo. | — | 3 60 |
| La Reine Margot .......... | — | 1 50 |
| Ascanio.................... | — | 1 30 |
| La Dame de Monsoreau... | — | 2 20 |
| Amaury.................... | — | » 90 |
| Les Frères corses.......... | — | » 50 |
| Les Quarante-cinq ....... | — | 2 20 |
| Les deux Diane........... | — | 2 » |
| Le Maître d'armes........ | — | » 90 |
| Le Bâtard de Mauléon.... | — | 1 80 |
| Mémoires d'un Médecin | | |
| Joseph Balsamo ........ | — | 3 60 |
| La Guerre des Femmes... | — | 1 50 |
| Georges.................. | — | » 90 |
| Une Fille du Régent...... | — | 1 10 |
| Impressions de Voyage : | | |
| Suisse................. | — | 2 » |
| Midi de la France...... | — | 1 10 |
| Une Année à Florence.. | — | » 90 |
| Le Corricolo........... | — | 1 50 |
| La Villa Palmieri....... | — | » 90 |
| Le Spéronare........... | — | 1 30 |
| Le Capitaine Aréna..... | — | » 90 |
| Les Bords du Rhin..... | — | 1 10 |
| Quinze jours au Sinaï.. | — | » 90 |
| Cécile...................... | — | » 70 |
| Sylvandire................. | — | » 90 |
| Fernande................... | — | » 90 |
| Le Chevalier d'Harmental. | — | 1 30 |
| Isabel de Bavière.......... | — | 1 10 |
| Acté....................... | — | » 70 |
| Gaule et France........... | — | » 70 |
| Le Collier de la Reine..... | — | 2 20 |
| La Tulipe noire........... | — | » 70 |
| La Colombe. — Murat.... | — | » 50 |
| Ange Pitou ............... | — | 1 80 |
| Pascal Bruno.............. | — | » 50 |

**LÉON GOZLAN.**

| | | |
|---|---|---|
| Les Nuits du Père Lachaise | — | 1 10 |
| Le Médecin du Pecq..... | — | 1 30 |

**PAUL FÉVAL.**

| | | |
|---|---|---|
| Les Amours de Paris..... | — | 1 75 |
| Les Mystères de Londres. | — | 3 » |

**EUGÈNE SUE.**

| | | |
|---|---|---|
| Les Sept Péchés capitaux. | — | 5 » |
| *Chaque ouvrage se vend séparément :* | | |
| L'Orgueil................. | — | 1 50 |
| L'Envie.................. | — | » 90 |
| La Colère................ | — | » 70 |
| La Luxure............... | — | » 70 |
| La Paresse.............. | — | » 50 |
| L'Avarice............... | — | » 50 |
| La Gourmandise........ | — | » 50 |
| Les Enfants de l'Amour... | — | » 90 |
| La Bonne Aventure...... | — | 1 50 |
| L'Institutrice............ | — | » 90 |

**X. B. SAINTINE.**

| | | |
|---|---|---|
| Une Maîtresse de Louis XIII | — | 1 10 |

**LOUIS DESNOYERS.**

| | | |
|---|---|---|
| Aventur. de Robert-Robert. | — | 1 30 |

**ÉM. MARCO DE SAINT-HILAIRE.**

| | | |
|---|---|---|
| Une veuve de la Grande Armée.................. | — | » 90 |

**ÉLIE BERTHET.**

| | | |
|---|---|---|
| Antonia................... | — | » 90 |

**FÉLIX DÉRIÈGE.**

| | | |
|---|---|---|
| Les Mystères de Rome... | — | 1 75 |

**ALPHONSE KARR.**

| | | |
|---|---|---|
| Sous les Tilleuls......... | — | » 90 |
| Fort en Thème........... | — | » 70 |

**FRÉDÉRIC SOULIÉ.**

| | | |
|---|---|---|
| Le Lion amoureux........ | — | » 30 |

**MÉRY.**

| | | |
|---|---|---|
| Héva..................... | — | » 50 |
| La Floride............... | — | » 70 |
| La Guerre du Nizam..... | — | 1 » |

**EUGÈNE SCRIBE.**

| | | |
|---|---|---|
| Carlo Broschi............ | — | » 50 |
| La Maîtresse anonyme.... | — | » 30 |
| Judith ou la loge d'opéra. | — | » 30 |
| Proverbes................ | — | » 70 |

**CHARLES DE BERNARD.**

| | | |
|---|---|---|
| La Femme de 40 ans... | — | » 30 |
| Un Acte de vertu et la Peine du talion................ | — | » 50 |
| L'Anneau d'argent....... | — | » 70 |

# GEMMA

BALLET EN DEUX ACTES ET CINQ TABLEAUX

LIVRET DE

## M. THÉOPHILE GAUTIER

MUSIQUE DE

## M. LE COMTE GABRIELLI

Chorégraphie de Mᵐᵉ CERRITO

Représenté pour la première fois, à Paris, à l'Académie Impériale de Musique, le 31 mai 1854.

PARIS,
MICHEL LÉVY FRÈRES LIBRAIRES-ÉDITEURS,
RUE VIVIENNE, 2 BIS,

1854

*Chez les mêmes Éditeurs.*

# MUSÉE LITTÉRAIRE DU SIÈCLE

### CHOIX DES MEILLEURS OUVRAGES MODERNES.

Il paraît deux livraisons par semaine, ou une série tous les quinze jours.

20 centimes la Livraison, composée de 24 pages.

### EN VENTE, OUVRAGES COMPLETS :

**ALEXANDRE DUMAS.**

| | | |
|---|---|---|
| Les Trois Mousquetaires | 4 vol. | 1 50 |
| Vingt ans après | — | 2 » |
| Le Vicomte de Bragelonne | — | 4 50 |
| Le Chev. de Maison-Rouge | — | 1 10 |
| Le Comte de Monte-Cristo | — | 3 60 |
| La Reine Margot | — | 1 50 |
| Ascanio | — | 1 30 |
| La Dame de Monsoreau | — | 2 20 |
| Amaury | — | » 90 |
| Les Frères corses | — | » 50 |
| Les Quarante-cinq | — | 2 20 |
| Les deux Diane | — | 2 » |
| Le Maître d'armes | — | » 90 |
| Le Bâtard de Mauléon | — | 1 80 |
| Mémoires d'un Médecin Joseph Balsamo | — | 3 60 |
| La Guerre des Femmes | — | 1 50 |
| Georges | — | » 90 |
| Une Fille du Régent | — | 1 10 |
| Impressions de Voyage : | | |
| Suisse | — | 2 » |
| Midi de la France | — | 1 10 |
| Une Année à Florence | — | » 90 |
| Le Corricolo | — | 1 50 |
| La Villa Palmieri | — | » 90 |
| Le Spéronare | — | 1 30 |
| Le Capitaine Aréna | — | » 90 |
| Les Bords du Rhin | — | 1 10 |
| Quinze jours au Sinaï | — | » 90 |
| Cécile | — | » 70 |
| Sylvandire | — | » 90 |
| Fernande | — | » 90 |
| Le Chevalier d'Harmental | — | 1 30 |
| Isabel de Bavière | — | 1 10 |
| Acté | — | » 70 |
| Gaule et France | — | » 70 |
| Le Collier de la Reine | — | 2 20 |
| La Tulipe noire | — | » 70 |
| La Colombe. — Murat | — | » 50 |
| Ange Pitou | — | 1 80 |
| Pascal Bruno | — | » 50 |

**LÉON GOZLAN.**

| | | |
|---|---|---|
| Les Nuits du Père Lachaise | — | 1 10 |
| Le Médecin du Pecq | — | 1 30 |

**PAUL FÉVAL.**

| | | |
|---|---|---|
| Les Amours de Paris | — | 1 75 |
| Les Mystères de Londres | — | 3 » |

**EUGÈNE SUE.**

| | | |
|---|---|---|
| Les Sept Péchés capitaux | — | 5 » |
| *Chaque ouvrage se vend séparément :* | | |
| L'Orgueil | — | 1 50 |
| L'Envie | — | » 90 |
| La Colère | — | » 70 |
| La Luxure | — | » 70 |
| La Paresse | — | » 50 |
| L'Avarice | — | » 50 |
| La Gourmandise | — | » 50 |
| Les Enfants de l'Amour | — | » 90 |
| La Bonne Aventure | — | 1 50 |
| L'Institutrice | — | » 90 |

**X. B. SAINTINE.**

| | | |
|---|---|---|
| Une Maîtresse de Louis XIII | — | 1 10 |

**LOUIS DESNOYERS.**

| | | |
|---|---|---|
| Aventur. de Robert-Robert | — | 1 30 |

**ÉM. MARCO DE SAINT-HILAIRE.**

| | | |
|---|---|---|
| Une veuve de la Grande Armée | — | » 90 |

**ELIE BERTHET.**

| | | |
|---|---|---|
| Antonia | — | » 90 |

**FÉLIX DÉRIÈGE.**

| | | |
|---|---|---|
| Les Mystères de Rome | — | 1 75 |

**ALPHONSE KARR.**

| | | |
|---|---|---|
| Sous les Tilleuls | — | » 90 |
| Fort en Thème | — | » 70 |

**FRÉDÉRIC SOULIÉ.**

| | | |
|---|---|---|
| Le Lion amoureux | — | » 30 |

**MÉRY.**

| | | |
|---|---|---|
| Héva | — | » 50 |
| La Floride | — | » 70 |
| La Guerre du Nizam | — | 1 » |

**EUGÈNE SCRIBE.**

| | | |
|---|---|---|
| Carlo Broschi | — | » 50 |
| La Maîtresse anonyme | — | » 30 |
| Judith ou la loge d'opéra | — | » 30 |
| Proverbes | — | » 70 |

**CHARLES DE BERNARD.**

| | | |
|---|---|---|
| La Femme de 40 ans | — | » 30 |
| Un Acte de vertu et la Peine du talion | — | » 50 |
| L'Anneau d'argent | — | » 70 |

# GEMMA

BALLET EN DEUX ACTES ET CINQ TABLEAUX

LIVRET DE

M. THÉOPHILE GAUTIER

MUSIQUE DE

M. LE COMTE GABRIELLI

Chorégraphie de Mme CERRITO

Représenté pour la première fois, à Paris, à l'Académie Impériale de Musique, le 31 mai 1854.

PARIS,
MICHEL LÉVY FRÈRES LIBRAIRES-ÉDITEURS,
RUE VIVIENNE, 2 BIS.

1854

**PERSONNAGES**

| | |
|---|---|
| GEMMA.................................... | Mlle Fanny Cerrito. |
| SANTA-CROCE, magnétiseur............... | MM. Mirante. |
| MASSIMO, peintre......................... | Petipa. |
| LE COMTE DE SAN-SEVERINO, tuteur de Gemma | L'Enfant. |
| GIACOMO, majordome..................... | Berthier. |
| BEPPO, le marié........................... | Bauchet. |
| BONIFACCIO, paysan ridicule............. | Petit. |
| ANGIOLA, sœur du peintre................ | Mlles L Marquet. |
| MARIETTA, la mariée..................... | L. Taglioni. |
| BARBARA, suivante de Gemma............ | Aline. |

Seigneurs, Paysans, Elèves, Dames, Paysannes.

*La scène se passe aux environs de Tarente, dans le royaume de Naples, vers le commencement du dix-septième siècle.*

## DANSE.

### DEUXIÈME TABLEAU.

#### LE BAL.

*Pas de quatre :*

M. Frians, M<sup>lles</sup> Robert, Evarot, Leguin.

*Pas de deux :*

M. Petipa, M<sup>lle</sup> Cerrito.

*Valse magnétique :*

M. Mérante, M<sup>lle</sup> Cerrito.

*Jeunes filles du bal :*

M<sup>lles</sup> Rousseau, Chassagne, Crétin, Danfeld, Chambret, Cessegrain, Gaugelin, Simon, Maupérin, Carabin, Schlosser, Troisvallets, Navarre, Révolte, Mathé, Danse, Cerier, Buisson Chererre, Mercier, Poussin, Pillevoix, Zoé Jourdain, Snemer Potier, Alvarez, Ducimetière, Vibon, Rousseau, Bouin, Errivaut, Giraut.

*Enfants. — Filles :*

M<sup>lles</sup> Deléonet, Noël, Crétin 2<sup>e</sup>, Fontaine, Letourneur, La mi Villeroy, Jousse.

*Garçons :*

MM. Duhamel 2, Barbier, Leroy, Pissarello 2, Michaud.

*Filles :*

M<sup>lles</sup> Chatenay, Barat, Gamblom.

###### Seigneurs.

MM. Adice, Dauty, Pluck, Carré, Lefèvre, Mazillier, Herbin, Duhamel 1er, Raimon, François, Gœthols, Monfallet, Pissarello 1er, Vandris, Gredelue, Mirmont, Caron, Millot, Fanzago, Charansonnet, Jeandrin, Estienne, Fangel, Alexis, Darcourt, Bion.

###### Dames.

Mmes Letellier, Descamps, Dehaspe, Delion, Dufour, Gary, Malgorine, Stuhs 1er, Stuhdr 2me.

###### Sujets.

Mmes Marquet, Savel, Villiers, Lacoste.

---

## CINQUIÈME TABLEAU.

###### Pas de deux.

M. BEAUCHET, M. TAGLIONI.

###### l'Abbruzzaise.

M. PETIPA, Mme CERRITO.

###### Sa suite.

MM. Vandris, Gredelue, Mirmont, Caron, Millot, Fanzago, Charansonnet, Jeandron, Pissarello 1er, Monfallet, Gœthols, François, Raimon, Duhamel 1er, Herbin, Mazilier, Scio, Estienne, Fangel, Lagrous, Cornet. — Mmes Crétin 1re, Rousseau, Danfeld, Schlosser, Révolte, Chambret, Simon, Gaujelin, Mathé, Danse, Cassegrain, Navarre, Troisvallets, Mercier, Carabin, Maupérin, Buisson, Snomer, Gallois, Zoé, Jourdain, Delacquit, Ducimetière, Cellier, Vibon, Bouin.

# GEMMA

## ACTE PREMIER.

### Premier Tableau.

Le théâtre représente un riche boudoi. dans le style du dix-septième siècle. — Au fond, de grands trumeaux de glace ; portes à droite et à gauche.

La jeune comtesse Gemma, entourée de ses femmes et de ses compagnes, essaie devant la glace la toilette qu'elle se propose de mettre au bal donné pour fêter sa sortie du couvent. Les caméristes lui présentent tour à tour des fleurs et des diamants sans qu'elle arrête son choix, et ces différents groupes se répètent gracieusement dans les miroirs. Gemma a une double raison pour vouloir être belle ; Massimo, le célèbre peintre de Naples, fait son portrait, et ce portrait, destiné à être mis sous les yeux du prince de Tarente, a eu un tout autre résultat que celui espéré par le comte de San-Severino qui rêve pour Gemma, sa pupille, une haute alliance ; car la jeune fille, pendant les séances assez nombreuses, s'est éprise du bel artiste. Massimo va venir achever son ouvrage, comme l'indiquent le chevalet et la toile placés dans un coin de la chambre.

Pendant que les femmes se sont éloignées pour aller chercher quelques parures, une porte s'ouvre mystérieusement, et Gemma, en arrangeant sa coiffure, voit du fond de la glace, deux yeux ardents et fixes s'attacher sur elle avec une expression étrange; lorsqu'elle se retourne, l'homme qui projetait cette image a déjà disparu.

Cette apparition effraye et trouble Gemma; elle éprouve un malaise subit, une langueur inexplicable; le premier fil du réseau qui doit l'enlacer est noué, et bien qu'elle s'imagine avoir été le jouet d'une hallucination, elle est sous le charme.

L'homme qui a pénétré dans le boudoir de Gemma par le moyen d'une camériste infidèle, est le marquis de Santa-Croce; un débauché et un dissipateur cherchant à réparer par l'alchimie et les sciences occultes les brèches faites à sa fortune; il a, dans ses travaux hermétiques, retrouvé le secret du magnétisme connu autrefois des adeptes, et dont Mesmer sera plus tard le grand prêtre; de cette force inconnue il se sert pour satisfaire ses passions; il a résolu de dominer Gemma et de la contraindre à l'épouser; mariage qui lui donnerait plus d'or que ses alambics et ses creusets.

N'entendant pas de bruit et jugeant Gemma seule, le marquis de Santa-Croce rentre, et voyant la jeune fille affaissée sur un fauteuil, il étend les mains vers elle et lui fait des passes magnétiques. Cédant à cette influence irrésistible, Gemma se lève chancelante, endormie, n'ayant plus de libre arbitre et fascinée comme l'oiseau par le serpent. Elle tourne autour de Santa-Croce avec tous les signes de la passion; elle se penche amoureusement vers lui, l'enlace de ses bras, car telle est la volonté du magnétiseur.

Le majordome Giacomo entre, laissant à peine le temps à Santa-Croce de se cacher derrière un rideau ; il vient annoncer l'arrivée du peintre et semble tout surpris de voir sa maîtresse debout, immobile, dans une pose extatique et ne lui répondant pas : il se retire fort intrigué. Santa-Croce réveille Gemma et s'esquive par la porte secrète.

La jeune fille sort comme d'un rêve et ne se souvient pas de ce qui s'est passé, comme cela arrive dans le sommeil magnétique.

Massimo vient terminer le portrait. — Gemma, en cherchant à se remettre dans la pose, forme un groupe avec ses compagnes. Pendant que l'artiste travaille, oubliant son rôle de modèle, elle quitte sa place et se penche sur l'épaule du peintre, qui brouille au hasard les couleurs sur sa palette, troublé par la beauté de Gemma dont il devine et partage l'amour.

On annonce le marquis de Santa-Croce ; il veut voir de quelle manière Gemma, éveillée, le recevra, et quel progrès a fait son influence. Par un effet de contraste assez commun en magnétisme, la jeune comtesse, à l'état de veille, ressent l'aversion la plus profonde pour celui qu'elle aime endormie, comme si son âme voulait se venger de la violence qu'on exerce sur elle. Lorsque Santa-Croce s'approche d'elle et la salue, elle frissonne et pâlit ; lorsqu'il s'incline sur sa main pour la baiser, elle fait un geste d'horreur, et laisse tomber avec mépris la rose qu'il lui offre : ces marques d'aversion ne font pas sortir Santa-Croce de sa froide et hautaine politesse ; il contient du regard Massimo irrité et jaloux, et répond courtoisement au comte de San-Severino, tuteur de Gemma, qui l'invite à la fête donnée pour sa pupille, ainsi que Massimo, et Angiola, sœur de l'artiste.

Resté seul un instant, Santa-Croce ramasse la rose dédaignée et la magnétise ; il met sa volonté et son désir dans le cœur de la fleur épanouie, et lui donne la puissance d'attirer Gemma qui, en effet, revient bientôt sur la pointe du pied, les bras étendus, et se dirige vers la rose qu'elle respire avec délices et place à son corsage. — Le marquis, caché dans l'ombre, assiste à cette scène et sourit orgueilleusement. — Gemma sera à lui, — la rose agira sur elle, et, à la fin du bal, il enlèvera sa conquête. — Des amis sûrs, à qui il donne ses instructions, l'aideront dans cette entreprise hasardeuse.

## Deuxième Tableau.

Une galerie illuminée à giorno, avec des colonnes et des arcades, laissant entrevoir au bas d'une terrasse des jardins vaguement éclairés par la lune, et des ruines d'édifices.

Les invités affluent dans la salle de bal, les danses se forment et se succèdent ; Gemma porte au côté la rose de Santa-Croce, et reste soumise à son influence ; aussi l'accueille-t-elle favorablement lorsqu'il se présente à elle. Massimo, jaloux qu'elle ait mis près de son

## ACTE I.

cœur cette fleur d'abord dédaignée, lui en demande le sacrifice; Gemma, cédant à la puissance de l'amour vrai, tend au jeune artiste le talisman corrupteur, et, redevenue maîtresse d'elle-même, danse avec ses amies et avec Massimo. — Santa-Croce a tout vu, et se promet de ressaisir son pouvoir.

Quand Massimo reconduit Gemma à sa place, la danse terminée, le marquis s'approche et invite la jeune fille à son tour. Celle-ci, rendue à son antipathie naturelle, refuse de danser avec Santa-Croce, dont la figure pâle, les yeux impérieux et la bouche dédaigneuse, lui inspirent de l'effroi comme une apparition surnaturelle, et se prétend fatiguée par la lumière, le bruit et la chaleur; elle se lève, et demande à son tuteur le comte de San-Severino, la permission de se retirer, en le priant de ne pas interrompre la fête pour cela : les danses continuent : Santa-Croce, se tournant vers la porte par où est sortie Gemma, concentre sa volonté et ordonne mentalement à la jeune fille de reparaître dans la salle de bal. En effet, Gemma revient à pas de statue ou de fantôme, se mouvant d'une manière automatique; ses yeux grands ouverts semblent ne pas voir. Elle se dirige vers Santa-Croce, lui prend la main et l'entraîne dans le cercle de la danse; le comte de San-Severino hausse les épaules en souriant de ce caprice de jeune fille, changeant d'avis d'une minute à l'autre; le peintre sent renaître sa jalousie, et ne sait que penser; les invités s'écartent avec étonnement, et alors a lieu un pas magnétique entremêlé de valse, et dirigé par Santa-Croce, entièrement maître des mouvements et de la volonté de Gemma, qui le suit comme une ombre docile; lorsque la danse se ralentit, il pose la main sur le cœur de la jeune fille et la ranime comme par enchantement ; cette danse animée et morte, amoureuse et endormie, a quelque chose de surnaturel et de magique qui frappe l'assemblée de stupeur et l'engourdit comme par un charme ; Santa-Croce dirige les pas de Gemma de manière à se rapprocher du fond de la salle, et l'entraîne peu à peu du côté de la terrasse ; deux ou trois poses enlevées ont fait franchir à Gemma le cercle des spectateurs ; commandée par un geste impérieux elle s'éloigne de plus en plus. Déjà sur sa robe blanche, éclairée tout à l'heure par les lustres du bal, brille la lueur sulfureuse des éclairs, car pendant cette scène l'orage a envahi le ciel, et ajoute à la terreur superstitieuse qu'inspire le marquis de Santa-Croce, soupçonné de sorcellerie et d'intimité avec le diable ; les affidés du magnétiseur s'avancent et enlèvent Gemma, tandis que Santa-Croce contient l'assemblée d'un regard foudroyant et satanique. Massimo éperdu essaie de franchir le cercle d'épouvante dont s'entoure Santa-Croce, mais celui-ci lui fait sauter l'épée des mains, descend à reculons l'escalier de la terrasse et disparaît. Giacomo le majordome se précipite sur ses pas.

FIN DU PREMIER ACTE.

# ACTE DEUXIÈME.

### Troisième Tableau.

*Une salle délabrée dans un vieux château, retraite et laboratoire de Santa-Croce.*

Gemma, plongée dans le sommeil somnambulique, est revêtue d'un costume de mariée. On lui pose sur la tête une couronne blanche, et dominée par la volonté de Santa-Croce, qui la présente à ses amis, elle a signé un contrat de mariage ; endormie, elle aime Santa-Croce, séduite par une fascination diabolique qui cesse lorsqu'elle se réveille. La porte s'ouvre avec fracas, et Massimo se précipite vers la jeune comtesse, qu'il trouve prête à se rendre à la chapelle. Ces blancs voiles de mariée le surprennent et l'épouvantent ; il croit à une violence, mais Santa-Croce sourit dédaigneusement et le laisse interroger Gemma, qui répond que tout son amour est pour le marquis, et se réfugie contre son cœur comme pour se soustraire aux emportements de Massimo. — Si vous doutez encore, lisez ce contrat, voyez cette signature, dit Santa-Croce, et cessez de poursuivre de votre amour une femme qui le repousse et appartient à un autre. Massimo voit le nom de Gemma apposé au bas de l'acte, et ne peut plus douter de l'assertion du marquis, trop bien confirmée, hélas ! par l'attitude impassible et froide de la jeune femme, qui n'a même l'air de se souvenir de lui. Ainsi ces yeux si doux mentaient, et les promesses de bonheur qu'il avait cru y lire étaient fausses. — Tout cela n'était qu'une dissimulation pour cacher l'amour qu'avait su inspirer ce Santa-Croce, à qui l'on témoignait publiquement tant d'aversion ; ce coup est trop fort pour le cœur et la tête de l'artiste. Sa raison se perd, et il s'élance hors de la salle avec tous les signes de l'égarement.

Le marquis, resté seul avec sa fiancée somnambulique, l'éveille, voulant juger de la mesure de son pouvoir. En se trouvant dans cette chambre inconnue en face de Santa-Croce, Gemma éprouve la plus vive terreur et ne peut concevoir comment elle a été transportée de la salle de bal de son château à ce repaire sinistre. Tout ce qu'elle comprend, c'est qu'elle est au pouvoir de Santa-Croce, et elle tremble comme la colombe devant le milan ; un désespoir mêlé d'épouvante la saisit lorsque son ravisseur lui montre le contrat de mariage signé Gemma. C'est donc le démon qui a conduit sa main, car elle ne se rappelle pas les actions qu'elle a faites sous l'influence magnétique, et reste frappée de stupeur à cette preuve accablante de l'amour que Santa-Croce prétend pour lui. — Le magnétiseur, sachant qu'il ne pourra pas garder toujours sa femme plongée dans le sommeil extatique, essaie de la passion humaine et des moyens de séduction ordinaires ; il se jette aux pieds de Gemma, lui couvre les mains de baisers et veut l'enlacer dans ses bras : la jeune fille se dérobe à ses étreintes, cherche à se sauver, mais les portes sont fermées soigneusement. Nulle chance de salut. — La lutte recommence, et Gemma arrache de la ceinture de Santa-Croce un poignard dont elle le menace, et que lui arrache Barbara la suivante, gagnée par Santa-Croce. Une seule ressource reste à Gemma. Une fenêtre est ouverte, elle y court, et saisissant la branche d'un arbre voisin, elle se précipite. Au bas de la muraille rôdait Giacomo, le fidèle majordome qui n'avait pu pénétrer dans le château. — Il recueille sa jeune maîtresse, et l'emporte au galop sur la croupe de son cheval.

## Quatrième Tableau.

Intérieur, simple et rustique d'une salle transformée en atelier de peintre ; çà et là des plâtres, des esquisses appendues aux murailles, des chevalets, et dans un angle, un grand cadre recouvert d'un voile.

Massimo, fou d'amour et de douleur, n'écoute pas Angiola, sa sœur, qui cherche à le consoler. — Ses regards ne peuvent se détacher d'une esquisse qu'il a faite de souvenir et qui représente Gemma; cette image semble raviver son chagrin, et sa sœur l'emmène doucement. La jeune comtesse, cherchant un abri, arrive guidée par

Giacomo. Elle reconnaît Angiola et lui conte son évasion du château de Santa-Croce; jamais elle n'a cessé d'aimer Massimo, et sa trahison apparente provient sans doute d'un enchantement ou d'un philtre; elle ne peut se l'expliquer autrement; la griffe du diable se montre dans tout cela. Quant à la folie de Massimo, elle se fait fort de la guérir. — Pour l'accoutumer à la revoir, elle se place dans le cadre et se substitue à la peinture dont elle prend l'attitude. Massimo rentre et voit l'image lui sourire doucement, lui tendre ses bras, se détacher de la bordure et venir à lui. Après une suite de poses coquettement amoureuses, Gemma fait comprendre à Massimo qu'elle n'est pas un vain fantôme, et peu à peu la raison revient à Massimo. — On frappe à la porte avec violence; Gemma, effrayée, remonte dans son cadre sur lequel on tire un voile. Santa-Croce paraît sur le seuil et inspecte la chambre du regard; il est à la recherche de la jeune comtesse. N'apercevant que des murs et des tableaux il se retire pour continuer ses poursuites: ce danger évité, Gemma, sous un déguisement de paysanne, accompagnée de Massimo, d'Angiola et de Giacomo, également travestis, tâchera de regagner le château de San Severino. Barbara, la suivante, gagnée par Santa-Croce, et qui croyait servir les amours de sa maîtresse, l'a rejointe toute repentante de sa faute, dont elle a obtenu le pardon.

## ACTE II.

### Cinquième Tableau.

Un site montagneux. — Ravin profond où se jette un torrent traversé par un pont. A droite et à gauche, sentier taillé dans le roc. — Sur le devant, une locanda.

—

Un cortége nuptial descend de la montagne sur laquelle s'étagent pittoresquement des groupes de jeunes filles et de jeunes garçons; Beppo et Marietta, le plus joli couple du village, se marient, et la noce se fait à la locanda. Gemma, Massimo, Angiola, Barbara, précédés de Giacomo déguisé en pifferaro, tombent au milieu des danses et sont joyeusement accueillis. — Barbara dit la bonne aventure aux jeunes filles; Giacomo joue de la musette; Massimo et la jeune comtesse exécutent une danse des Abruzzes, et Bonifaccio, grand imbécile de village, est lutiné par les enfants qui se moquent de lui.

Santa-Croce, suivi de ses acolytes, arrive et reconnaît Gemma sous ses habits de paysanne; il arrête sur elle ses yeux fascinateurs et la contraint de venir se ranger à côté de lui. Massimo cherche à s'y opposer, mais le marquis déploie le contrat de mariage et dit qu'il vient reprendre sa femme comme il en a le droit; déjà il entraîne Gemma vers le sentier de la montagne. Massimo prétend que c'est un imposteur, un sorcier, et ameute les paysans. — Une lutte entre ceux-ci et les affidés du

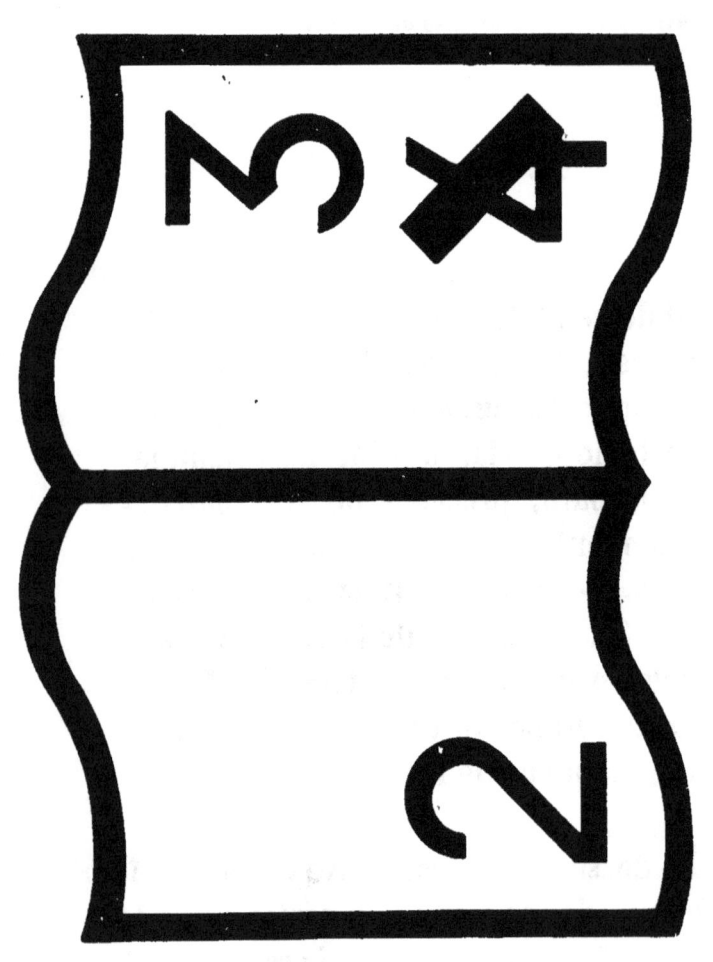

Pagination incorrecte — date incorrecte

marquis s'engage; Massimo arrache l'épée de l'un d'eux et court par le sentier opposé pour barrer le passage à Santa-Croce, qui dépose Gemma sur un quartier de roche au sommet de la montagne et dégaîne. Les fers s'engagent, se cherchent, s'évitent, et après quelques alternatives, une botte poussée à fond par Massimo touche le marquis. — Le blessé glisse du pont dans le lit du torrent qui le roule et l'engloutit au fond de l'abîme. — Gemma est ramenée sur le devant du théâtre par les paysans, et Massimo la reçoit dans ses bras. — Rien n'empêche plus leur union à laquelle le comte de San Severino ne s'opposera pas, car sa pupille a été sauvée par l'artiste. — La toile tombe sur ce groupe.

FIN.

Paris. — Typ. de M⁺⁺ V⁺ Dondey-Dupré, rue Saint-Louis, 46, au Marais.

# CATALOGUE

DE

# MICHEL LÉVY F<sup>RÈRES</sup>

LIBRAIRES-ÉDITEURS

PARIS

RUE VIVIENNE, 2 BIS.

JUIN 1854

## Nouveaux Ouvrages en vente.

**LE COMTE O. D'HAUSSONVILLE.**
HISTOIRE DE LA RÉUNION DE LA LORRAINE A LA FRANCE, avec des notes, pièces justificatives, dépêches et documents historiques entièrement inédits. 1 vol. in-8°...... 7 fr. 50 c.

**EUGÈNE FORCADE.**
HISTOIRE DES CAUSES DE LA GUERRE D'ORIENT, d'après des documents inédits français et anglais. 1 vol. gr. in-18...... 3 »

**OCTAVE FEUILLET.**
SCÈNES ET COMÉDIES, 1 vol. gr. in-18...... 3 »

**DE STENDHAL (H. BEYLE).**
RACINE ET SHAKSPEARE, 1 vol. gra. in-18...... 3 »
MÉMOIRES D'UN TOURISTE, 2 v. gr. in-18...... 6 »

**MÉRY.**
LES NUITS D'ORIENT, 1 vol. gr. in-18...... 3 »

**J. AUTRAN.**
LABOUREURS ET SOLDATS, 1 vol. grand in-18...... 3 »

**LE MARQUIS DE SAINTE-AULAIRE.**
LES DERNIERS VALOIS, LES GUISE et HENRI IV, 1 vol. gr. in-18.. 3 »

**ALPHONSE KARR.**
LETTRES ÉCRITES DE MON JARDIN, 1 vol. gr. in-18...... 3 »
AGATHE ET CÉCILE, 1 v. gr. in-18. 3 »
LES FEMMES, (2e éd.) 1 v. gr. in-18 3 »

**A. DE PONTMARTIN.**
CAUSERIES LITTÉRAIRES, 1 vol. grand in-18...... 3 »

**PAUL DE MOLÈNES.**
AVENTURES DU TEMPS PASSÉ, 1 vol. gr. in-18...... 3 »

**ALEXANDRE DUMAS.**
ANGE PITOU, 2 vol. grand in-18. 4 »

**JULES SANDEAU.**
OLIVIER, un joli vol. grand in-32. 1 »
LE CHATEAU DE MONTSABREY, 1 joli vol. grand in-32...... 1 »

**CUVILLIER-FLEURY.**
VOYAGES ET VOYAGEURS, 1 vol. grand in-18...... 3 »
ÉTUDES HISTORIQUES ET LITTÉRAIRES, 2 vol. grand in-18. 6 »

**THÉODORE DE BANVILLE.**
LES PAUVRES SALTIMBANQUES, 1 joli vol. gr. in-32...... 1 »

**CLÉMENT CARAGUEL.**
LES SOIRÉES DE TAVERNY, 1 v. gr. in-18...... 3 fr. c. »

**H. BLAZE DE BURY.**
SOUVENIRS ET RÉCITS DES CAMPAGNES D'AUTRICHE, 1 vol. gr. in 18...... 3 »

**ALEXANDRE DUMAS FILS.**
LA VIE A VINGT ANS, 1 v. gr. in-18. 3 »
CE QUE L'ON VOIT TOUS LES JOURS, 1 joli vol. gr. in-32... 1 »

**ÉMILE SOUVESTRE.**
HISTOIRES D'AUTREFOIS, 1 vol. grand in-18...... 2 »

**HENRY MURGER.**
LE ROMAN DE TOUTES LES FEMMES, 1 vol. in-32...... 1 »
BALLADES ET FANTAISIES, 1 vol. in 32...... 1 »
SCÈNES DE CAMPAGNE, 1 vol. gr. in-18...... 3 »

**HENRI CONSCIENCE.**
SCÈNES DE LA VIE FLAMANDE, 1 vol. gr. in-18...... 3 »

**PROSPER MÉRIMÉE.**
LES DEUX HÉRITAGES, 1 vol. gr. in-18...... 3 »

**CHARLES DE BERNARD.**
UN BEAU-PÈRE, 1 vol. gr. in-18.. 3 »

**Mme ÉMILE DE GIRARDIN.**
M. LE MARQUIS DE PONTANGES, 1 vol. gr. in-18...... 3 »
LE VICOMTE DE LAUNAY, 1 vol. gr. in-18...... 3 »

**THÉOPHILE GAUTIER.**
CONSTANTINOPLE, 1 v. gr. in-18. 3 »

**LOUIS REYBAUD.**
MOEURS ET PORTRAITS DU TEMPS, 2 vol...... 6 »
LA VIE A REBOURS 1 v. gr. in-18. 3 »

**ÉMILE AUGIER.**
POÉSIES COMPLÈTES, 1 v. g. in-18. 3 »
LE GENDRE DE M. POIRIER, comédie en 4 actes et en prose...... 2 »

**F. PONSARD.**
L'HONNEUR ET L'ARGENT, com. en 5 actes et en vers, 1 v. g. in-18. 2 »
ÉTUDES ANTIQUES, 1 v. gr. in-18 3 »

**E. TEXIER.**
CONTES ET VOYAGES, 1 v. g. in-18. 3 »

# Bibliothèque contemporaine.

## PREMIÈRE SÉRIE.

FORMAT IN-18 ANGLAIS, A **2 FRANCS** LE VOLUME.

### ALEXANDRE DUMAS.

| | |
|---|---|
| LE VICOMTE DE BRAGELONNE | 6 vol. |
| MÉMOIRES D'UN MÉDECIN (*Joseph Balsamo*) | 5 |
| LES QUARANTE-CINQ | 3 |
| LE COMTE DE MONTE-CRISTO | 6 |
| LE CAPITAINE PAUL | 1 |
| LE CHEVALIER D'HARMENTAL | 2 |
| LES TROIS MOUSQUETAIRES | 2 |
| VINGT ANS APRÈS, suite des Trois Mousquetaires | 3 |
| LA REINE MARGOT | 2 |
| LA DAME DE MONSOREAU | 3 |
| JACQUES ORTIS | 1 |
| LE CHEVALIER DE MAISON-ROUGE | 1 |
| GEORGES | 1 |
| FERNANDE | 1 |
| PAULINE ET PASCAL BRUNO | 1 |
| SOUVENIRS D'ANTONY | 1 |
| SYLVANDIRE | 1 |
| LE MAÎTRE D'ARMES | 1 |
| UNE FILLE DU RÉGENT | 1 |
| LA GUERRE DES FEMMES | 2 |
| ISABEL DE BAVIÈRE | 2 |
| AMAURY | 1 |
| CÉCILE | 1 |
| LES FRÈRES CORSES | 1 |
| IMPRESSIONS DE VOYAGE : | |
| SUISSE | 3 |
| LE CORRICOLO | 2 |
| MIDI DE LA FRANCE | 2 |
| UNE ANNÉE A FLORENCE | 1 |
| LA VILLA PALMIÉRI | 1 |
| LE BATARD DE MAULÉON | 2 |
| LES DEUX DIANE | 3 |
| ASCANIO | 2 |
| ACTÉ | 1 |
| GAULE ET FRANCE | 1 |
| LE COLLIER DE LA REINE | 3 |
| ANGE PITOU | 2 |

### ÉMILE DE GIRARDIN.

| | |
|---|---|
| ÉTUDES POLITIQUES (*nouvelle édit.*) | 1 |
| QUESTIONS ADMINISTRATIVES ET FINANCIÈRES | 1 |
| LE POUR ET LE CONTRE | 1 |
| LE DROIT AU TRAVAIL AU LUXEMBOURG ET A L'ASSEMBLÉE NATIONALE, avec une Introduction | 2 |
| BON SENS, BONNE FOI | 1 |

### ALBERT AUBERT.

| | |
|---|---|
| LES ILLUSIONS DE JEUNESSE DU CÉLÈBRE M. DOUDIN | 1 |

### LOUIS REYBAUD.

| | |
|---|---|
| JÉROME PATUROT à la recherche de la meilleure des Républiques | 4 vol. |

### GABRIEL RICHARD.

| | |
|---|---|
| VOYAGE AUTOUR DE MA MAÎTRESSE | 1 |

### F. LAMENNAIS.

| | |
|---|---|
| DE LA SOCIÉTÉ PREMIÈRE | 1 |

### EUGÈNE SUE.

| | |
|---|---|
| LES SEPT PÉCHÉS CAPITAUX | 6 |
| L'ORGUEIL | 2 |
| L'ENVIE. — LA COLÈRE | 2 |
| LA LUXURE. — LA PARESSE | 1 |
| L'AVARICE. — LA GOURMANDISE | 1 |

### BABAUD-LARIBIÈRE.

| | |
|---|---|
| HISTOIRE DE L'ASSEMBLÉE NATIONALE CONSTITUANTE | 2 |

### ÉMILE SOUVESTRE.

| | |
|---|---|
| UN PHILOSOPHE SOUS LES TOITS | 1 |
| CONFESSIONS D'UN OUVRIER | 1 |
| LES DERNIERS PAYSANS | 2 |
| SCÈNES DE LA CHOUANNERIE | 1 |
| CHRONIQUES DE LA MER | 1 |
| DANS LA PRAIRIE | 1 |
| LES CLAIRIÈRES | 1 |
| SCÈNES DE LA VIE INTIME | 1 |
| SOUS LES FILETS | 1 |
| EN QUARANTAINE | 1 |
| LE FOYER BRETON | 2 |
| HISTOIRE D'AUTREFOIS | 1 |
| LES DERNIERS BRETONS | 2 |
| NOUVELLES ET ROMANS (*sous presse*) | 1 |

### PAUL FEVAL.

| | |
|---|---|
| LE FILS DU DIABLE | 4 |
| LES MYSTÈRES DE LONDRES | 3 |
| LES AMOURS DE PARIS | 2 |

## Bibliothèque contemporaine.
### 2ᵉ SÉRIE.—FORMAT IN-18 ANGLAIS A 3 FRANCS LE VOLUME.

### LAMARTINE.
TOUSSAINT LOUVERTURE............ 1 vol.
TROIS MOIS AU POUVOIR............ 1
GENEVIÈVE, 3ᵉ édition............ 1
CONFIDENCES (sous presse)........ 1

### F. PONSARD.
THÉATRE COMPLET (2ᵉ édit.)....... 2
ÉTUDES ANTIQUES.................. 1

### ÉMILE AUGIER.
POÉSIES COMPLÈTES................ 1

### JULES JANIN.
HIST. DE LA LITTÉRATURE DRAMATIQUE. 2

### DE STENDHAL (H. BEYLE).
DE L'AMOUR, seule édition complète. 1
PROMENADES DANS ROME, nouv. édit.
  avec fragments inédits........ 2
LA CHARTREUSE DE PARME.......... 1
LE ROUGE ET LE NOIR............. 1
ROMANS ET NOUVELLES............. 1
HISTOIRE DE LA PEINTURE EN ITALIE. 1
VIE DE ROSSINI.................. 1
RACINE ET SHAKSPEARE............ 1
MÉMOIRES D'UN TOURISTE.......... 2
CORRESPONDANCE INÉDITE (s. presse) 2

### CHARLES DE BERNARD.
LE NOEUD GORDIEN, nouvelle édition. 1
GERFAUT, nouv. édit.............. 1
LE PARAVENT — ................. 1
LES AILES D'ICARE............... 1
L'ÉCUEIL........................ 1
LA PEAU DU LION et LA CHASSE AUX
  AMANTS....................... 1
UN HOMME SÉRIEUX................ 1
UN BEAU-PÈRE.................... 1

### HENRI CONSCIENCE.
Traduction de M. LÉON WOCQUIER.
SCÈNES DE LA VIE FLAMANDE....... 2
VEILLÉES FLAMANDES (s. presse).. 2
LA GUERRE DES PAYSANS ( » ).... 1

### Mᵐᵉ CHARLES REYBAUD.
ESPAGNOLES ET FRANÇAISES (s. p.). 1
LE CHATEAU DE SAINT-GERMAIN (»). 1
SCÈNES DE LA VIE DES ANTILLES (»). 1

### HENRY MURGER.
SCÈNES DE LA VIE DE BOHÈME...... 1
SCÈNES DE LA VIE DE JEUNESSE.... 1
LE PAYS LATIN................... 1
SCÈNES DE CAMPAGNE.............. 1
SCÈNES DE LA VIE DE THÉATRE (sous
  presse)...................... 1

### O. D'HAUSSONVILLE.
HISTOIRE DE LA POLITIQUE EXTÉ-
  RIEURE DU GOUVERNEMENT FRAN-
  ÇAIS, 1830-1848.............. 2

### Mᵐᵉ ÉMILE DE GIRARDIN.
MARGUERITE OU DEUX AMOURS...... 1 vol.
NOUVELLES. (Le Lorgnon, etc.)... 1
LE VICOMTE DE LAUNAY............ 1
LE MARQUIS DE PONTANGES......... 1

### THÉODORE PAVIE.
SCÈNES ET RÉCITS DES PAYS D'OUTRE-
  MER.......................... 1
ÉTUDES ET VOYAGES (sous presse). 1

### EUGÈNE FORCADE.
ÉTUDES HISTORIQUES.............. 1
HISTOIRE DES CAUSES DE LA GUERRE
  D'ORIENT..................... 1

### P. MÉRIMÉE.
NOUVELLES....................... 1
ÉPISODE DE L'HISTOIRE DE RUSSIE. 1
LES DEUX HÉRITAGES.............. 1
ÉTUDES SUR L'HISTOIRE ROMAINE.. 1
MÉLANGES HISTORIQUES ET LITTÉ-
  RAIRES, (sous presse)........ 1

### THÉOPHILE GAUTIER.
LES GROTESQUES.................. 1
CONSTANTINOPLE.................. 1
EN GRÈCE ET EN AFRIQUE (s. presse). 1

### AUGUSTE MAQUET.
NOUVELLES (sous presse)......... 1

### MÉRY.
LES NUITS ANGLAISES............. 1
LES NUITS ITALIENNES............ 1
LES NUITS D'ORIENT.............. 1

### ALPHONSE KARR.
RAOUL DESLOGES.................. 1
AGATHE ET CÉCILE................ 1
LES FEMMES...................... 1
LES SOIRÉES DE SAINTE-ADRESSE... 1
LETTRES ÉCRITES DE MON JARDIN... 1
AU BORD DE LA MER (sous presse). 1
VOYAGE EN DEHORS DE MON JARDIN
  (sous presse)................ 1

### JULES SANDEAU.
CATHERINE....................... 1
NOUVELLES....................... 1
SACS ET PARCHEMINS.............. 1
UN HÉRITAGE..................... 1

### CHARLES REYNAUD.
D'ATHÈNES A BAALBEK............. 1
ÉPITRES, CONTES ET PASTORALES... 1
ŒUVRES INÉDITES................. 1

### LÉON GOZLAN.
HISTOIRE DE 130 FEMMES.......... 1
LES VENDANGES................... 1
NOUVELLES (sous presse)......... 1

### H. BERLIOZ.
LES SOIRÉES DE L'ORCHESTRE..... 1

# Bibliothèque contemporaine.

2ᵉ SÉRIE. — FORMAT IN-18 ANGLAIS A 3 FRANCS LE VOLUME.

### OCTAVE FEUILLET.
SCÈNES ET PROVERBES .......... 1
BELLAH, .................. 1
SCÈNES ET COMÉDIES ............ 1

### LE PRINCE A. DE BROGLIE.
ÉTUDES MORALES ET LITTÉRAIRES. 1

### EDMOND TEXIER.
CRITIQUES ET RÉCITS LITTÉRAIRES.. 1
CONTES ET VOYAGES, .......... 1

### FEUILLET DE CONCHES.
LÉOPOLD ROBERT, sa vie, ses œuvres et sa correspondance. Nouv. édit. 1

### ALEXANDRE DUMAS FILS.
LA DAME AUX CAMÉLIAS (4ᵉ édition). 1
CONTES ET NOUVELLES. .......... 1
LA VIE A VINGT ANS. ........... 1
ANTONINE. .................. 1
AVENTURES DE 4 FEMMES (s. presse) 1

### FÉLICIEN MALLEFILLE.
LE COLLIER — nouvelles, .......... 1

### LOUIS-PHILIPPE D'ORLÉANS,
ex-roi des Français
MON JOURNAL, ÉVÉNEMENTS DE 1815. 2

### CH. DE MAZADE.
L'ESPAGNE MODERNE (sous presse).. 1

### J. AUTRAN.
LABOUREURS ET SOLDATS .......... 1

### CHAMPFLEURY.
LES EXCENTRIQUES,, ............ 1
CONTES VIEUX ET NOUVEAUX .... 1

### LOUIS REYBAUD.
MOEURS ET PORTRAITS DU TEMPS... 2
ÉTUDES SUR LES RÉFORMATEURS SOCIALISTES......... 2
JÉROME PATUROT à la recherche d'une position sociale. .......... 1
ROMANS. .................. 1
NOUVELLES. ............... 1
LA COMTESSE DE MAULÉON ....... 1
LA VIE A REBOURS ............. 1
MARINES ET VOYAGES (sous presse). 1

### LE MARQUIS DE SAINT-AULAIRE.
LES DERNIERS VALOIS, LES GUISES ET HENRI IV, 1 vol. grand in-18 ....... 3

### JOHN LEMOINNE.
ÉTUDES CRITIQUES ET BIOGRAPHIQUES. 1

### EUGÈNE CORDIER.
LE LIVRE D'ULRICH............. 1

### CLÉMENT CARAGUEL.
LES SOIRÉES DE TAVERNY,.......... 1

### A. DE PONTMARTIN.
CONTES ET NOUVELLES............ 1
CAUSERIES LITTÉRAIRES........... 4
LE FOND DE LA COUPE (s. presse).. 1

### ARNOULD FRÉMY.
JOURNAL D'UNE JEUNE FILLE ...... 1

### L. VITET,
de l'Académie française.
LES ÉTATS D'ORLÉANS, scènes historiques.................. 1

### AMÉDÉE ACHARD.
LES CHATEAUX EN ESPAGNE...... 2

### GUSTAVE PLANCHE
PORTRAITS D'ARTISTES. Peintres et sculpteurs................ 2
ÉTUDES SUR L'ÉCOLE FRANÇAISE (sous presse).................. 2

### CUVILLIER FLEURY.
PORTRAITS POLITIQUES ET RÉVOLUTIONNAIRES (2ᵐᵉ édition).... 2
ÉTUDES HISTORIQUES ET LITTÉRAIRES 2
VOYAGES ET VOYAGEURS,........ 1

### LOUIS RATISBONNE.
L'ENFER DU DANTE, trad. en vers, texte en regard............ 1

### PAUL DE MOLÈNES.
CARACTÈRES ET RÉCITS DU TEMPS... 1
AVENTURES DU TEMPS PASSÉ ...... 1
HISTOIRES SENTIMENTALES ET MILITAIRES (s. presse)............. 1

### F. DE GROISEILLIEZ.
HISTOIRE DE LA CHUTE DE L.-PHILIPPE. 1

### PAUL BELTUF.
CONTES ROMANESQUES............ 1
RÉCITS DRAMATIQUES........... 2

### ÉMILE THOMAS.
HISTOIRE DES ATELIERS NATIONAUX. 1

### HENRI BLAZE.
ÉCRIVAINS ET POÈTES DE L'ALLEMAGNE 1
SOUVENIRS ET RÉCITS DES CAMPAGNES D'AUTRICHE........ 1
ÉPISODE DE L'HISTOIRE DU HANOVRE (sous presse)............. 1

### CH. LIADIÈRES.
ŒUVRES LITTÉRAIRES........... 3

## Ouvrages divers.

**LAMARTINE.**
GENEVIÈVE, 1 vol. in-8º. . . . . 5 »
NOUVELLES CONFIDENCES, 1 v. in-8º. 5 »
TOUSSAINT LOUVERTURE, 1 v. in-8º. 5 »

**JULES JANIN.**
LE CHEMIN DE TRAVERSE, 1 vol. in-8 3 50
LA RELIGIEUSE DE TOULOUSE,
  2 vol. in-8.................. 13 »
LES GAITÉS CHAMPÊTRES, 2 v. in-8. 13 »
LA VIE LITTÉRAIRE (sous presse),
  2 vol. in-8.................. 13 »

**O. D'HAUSSONVILLE,**
ancien député
HISTOIRE DE LA POLITIQUE EXTÉ-
  RIEURE DU GOUVERNEMENT FRAN-
  ÇAIS : 1830-1848, avec documents, notes, pièces justificativ.,
  entièrement inédits, 2 vol. in-8º. 13 »
HISTOIRE DE LA RÉUNION DE LA LOR-
  RAINE A LA FRANCE, avec des notes
  pièces justificatives, dépêches et
  documents historiques entièrement inédits..... 2 vol. in-8º. 15 »

**L. DE LOMENIE.**
BEAUMARCHAIS, sa Vie, ses Ecrits et
  son Temps, études sur la Société
  au 18º siècle (s. presse). 2 vol.
  in-8º...................... 15 »

**FERDINAND BERTHIER** (sourd-muet).
L'ABBÉ DE L'ÉPÉE, sa vie, son apostolat,
  ses travaux, sa lutte et ses succès.
  1 beau vol. in-8º avec 3 gravures. 6 »
SUR L'OPINION DE FEU LE DOCTEUR
  ITARD, in-8º.................. 2 »

**CHARLES MAGNIN.**
HISTOIRE DES MARIONNETTES D'EU-
  ROPE, depuis l'antiquité jusqu'à
  nos jours, 1 beau vol gr. in-8º. 6 »

**HENRI BLAZE.**
LA NUIT DE WALPURGIS, comédie
  politique, 1 vol. in-18 anglais... 3 »

**LE COMTE DE MONTALIVET.**
LE ROI LOUIS-PHILIPPE (Liste Civile).
  Nouvelle édition entièrement revue et considérablement augmentée de notes, pièces justificatives
  et documents inédits, avec un portrait et un fac-simile du Roi, et un
  plan du château de Neuilly. 1 vol.
  in-8º........................ 6 »

**GUSTAVE LEVAVASSEUR.**
FARCES ET MORALITÉS, 1 vol. in-18. 2 »
POÉSIES FUGITIVES 1 vol. in-18... 3 »

**LE Vte JULES DE FRANCHEVILLE.**
FOI ET PATRIE, poëmes, 1 v. gr in-18 3 »

**GUSTAVE PLANCHE.**
PORTRAITS LITTÉRAIRES, 2 v. in-8º. 7 »

**L. DE GAILLARD.**
LETTRES POLITIQUES SUR LA SUISSE,
  1 vol. in-8º................. 5 »

**J. AUTRAN.**
POÈMES DE LA MER, 1 vol. gr. in-8. 6 »

**A. ASSELINE.**
LE CŒUR ET L'ESTOMAC, 1 joli vol.
  grand in-32................. 1 50

**ALPHONSE JOBEZ.**
LA FEMME ET L'ENFANT, OU MISÈRE
  ENTRAINE OPPRESSION, 1 beau
  vol in-8º.................... 5 »

**LE PRINCE DE LA MOSKOWA.**
DES RÉGENCES EN FRANCE, gr. in-8º. »

**E. V. ARNAULT,**
de l'Académie française.
FABLES, 2 vol. in-18. . . . . 1 »

**L. ET M. ESCUDIER.**
DICTIONNAIRE DE MUSIQUE THÉORI-
  QUE ET HISTORIQUE, avec une
  préface par F. Halévy. 2 beaux
  volumes gr. in-18............ 7 »

**THÉODORE DE BANVILLE.**
LES STALACTITES, poésies, 1 v. in-8 4 »

**ONEDDY VITREUIL.**
LE PAYS BREDA, 1 vol. gr. in-18.. 2 »

**CH. WORDSWORTH.**
DE L'ÉGLISE ET DE L'INSTRUCTION
  PUBLIQUE EN FRANCE, 1 vol. in-8º. 5 »

**ALEXIS BLONDEL.**
L'INIMITABLE FALAMBELLE, 1 vol.
  grand in-18.................. 3 »

**F. BÉCHARD.**
DE LA FAMILLE, 1 vol......... 1 50

**A. DE LONGPÉRIER.**
TROIS PROVERBES, 1 vol. in-8º... 2 »

**CASTIL-BLAZE.**
DE L'OPÉRA EN FRANCE, 2 vol. in-8º. 4 »

**ÉDOUARD PRAROND.**
ÉTUDES SUR SHAKESPEARE, 1 vol. 2 »
DIX MOIS DE RÉVOLUTION, 1 v. in-32. 2 75
  gr. in-18.................... 2 »
CONTES, 1 vol. in-8º.......... 1 »
UNE RÉVOLUTION CHEZ LES MACA-
  QUES, 1 vol. in-18........... 1 »

**ÉTIENNE EGGIS.**
VOYAGES AU PAYS DU CŒUR, 1 vol.
  gr. in-18.................... 2 »

# BIBLIOTHÈQUE DES VOYAGEURS

*Jolis volumes format in-32.*

**CHAQUE VOLUME : 1 FRANC**

### EN VENTE :

**HENRY MURGER**
PROPOS DE VILLE et PROPOS DE THÉÂTRE.............. 1 vol.
LE ROMAN DE TOUTES LES FEMMES.... 1
BALLADES ET FANTAISIES........ 1

**F. PONSARD**
HOMÈRE, poème........... 1

**MÉRY**
ANGLAIS ET CHINOIS........... 1

**A. DE LAMARTINE**
GRAZIELLA............ 1
LES VISIONS............ 1

**JULES SANDEAU**
LE JOUR SANS LENDEMAIN....... 1
LE CHATEAU DE MONTSABREY..... 1
OLIVIER............ 1

**THÉODORE DE BANVILLE**
LES PAUVRES SALTIMBANQUES.... 1

**ALEXANDRE DUMAS, FILS**
CE QUE L'ON VOIT TOUS LES JOURS. 1

**CHARLES DESMAZE**
MAURICE QUENTIN DE LA TOUR.. 1

### SOUS PRESSE :

**PROSPER MÉRIMÉE**
ARSÈNE GUILLOT............ 1

**EMILE AUGIER**
LES PARIÉTAIRES, POÉSIES...... 1

**THÉOPHILE GAUTIER**
SCARRON............ 1

**A. DE PONTMARTIN**
L'ENSEIGNEMENT MUTUEL...... 1

**Mme ÉMILE DE GIRARDIN**
IL NE FAUT PAS JOUER AVEC LA DOULEUR............ 1

**ADOLPHE GAIFFE**
HISTORIETTES GALANTES........ 1

**LEON GOZLAN**
LA TERRE PROMISE........... 1

**ALPHONSE KARR**
BERNARD ET MOUTON........... 1

**PAUL DE MOLENES**
LA COMÉDIENNE............ 1

## Pièces de théâtre diverses.

**Belle édition, format in-18 anglais.**

### F. PONSARD.

- LUCRÈCE, trag. en 5 actes, en vers. 1 50
- AGNÈS DE MÉRANIE, tragédie en 5 actes, en vers. 1 50
- CHARLOTTE CORDAY, tragédie en 5 actes, en vers. 1 50
- HORACE ET LYDIE, comédie en 1 acte, en vers. 1 »
- ULYSSE, tragédie en 5 a., en vers... 2 »
- L'HONNEUR ET L'ARGENT, comédie en 5 actes et en vers. 2 »

### EMILE AUGIER.

- GABRIELLE, com. en 5 actes en vers, 2 »
- LA CIGUE, com, en 2 actes, en vers, 1 50
- L'AVENTURIÈRE, comédie en 5 actes et en vers. 1 50
- L'HOMME DE BIEN, comédie en 3 actes et en vers. 1 50
- L'HABIT VERT, proverbe en 1 acte.. 1 »
- LA CHASSE AU ROMAN, com. en 3 actes 1 50
- SAPHO, opéra en 3 actes. 1 »
- DIANE, drame en 5 actes, en vers. 2 »
- LES MÉPRISES DE L'AMOUR, comédie en 3 actes, en vers. 1 50
- PHILIBERTE, com. 3 actes, en vers 1 50
- LA PIERRE DE TOUCHE, comédie en 5 actes, en prose. 2 »
- LE GENDRE DE M. POIRIER, comédie en 4 actes et en prose. 2 »

### GEORGES SAND.

- LE DÉMON DU FOYER, comédie en 2 actes. 1 50
- LE PRESSOIR, drame en 3 actes.... 2 »

### JULES SANDEAU.

- Mlle DE LA SEIGLIÈRE, comédie en 4 actes. 1 50

### HENRY MURGER.

- LA VIE DE BOHÈME, com. en 5 actes. 1 »
- LE BONHOMME JADIS, comédie en 1 acte et en prose. 1 »

### MÉRY.

- GUSMAN LE BRAVE, drame en 5 actes et en vers. 2 »
- LE SAGE ET LE FOU, comédie en 5 actes et en vers. 1 50

### P. J. BARBIER.

- UN POÈTE, drame en 5 actes et en vers 2 »
- ANDRÉ CHÉNIER, drame en 5 actes et en vers. 1 »
- L'OMBRE DE MOLIÈRE, à-propos en 1 acte et en vers. » 75

### ADOLPHE DUMAS.

- L'ÉCOLE DES FAMILLES, comédie en 5 actes et en vers. 1 »

### VICTOR SÉJOUR.

- LA CHUTE DE SÉJAN, drame en 5 actes et en vers. 2 »

**Belle édition, format in-18 anglais.**

### OCTAVE FEUILLET.

- LE POUR ET LE CONTRE, comédie en un acte. 1 »
- LA CRISE, comédie en 4 actes, en prose. 1 50

### Mme ÉMILE DE GIRARDIN.

- LADY TARTUFFE, comédie en 5 actes et en prose. 2 »
- C'EST LA FAUTE DU MARI, comédie en 1 acte et en vers. 1 »
- LA JOIE FAIT PEUR, comédie en 1 acte et en prose. 1 50

### LE MARQUIS DE BELLOY.

- LA MAL'ARIA, dr. en 1 acte, en vers, 2 »

### J. AUTRAN.

- LA FILLE D'ESCHYLE, trag. en 5 actes 1 50

### ARMAND BARTHET.

- LE MOINEAU DE LESBIE, comédie en 1 acte et en vers. 1 »

### AUGUSTINE BROHAN.

- LES MÉTAMORPHOSES DE L'AMOUR, comédie en 1 acte et en prose. 1 »

### ARSÈNE HOUSSAYE.

- LA COMÉDIE A LA FENÊTRE, comédie en 1 acte et en prose. 1 »

### J. DE PRÉMARAY.

- LES DROITS DE L'HOMME, comédie en 2 actes et en prose. 1 50

### EDMOND COTTINET.

- L'AVOUÉ PAR AMOUR, comédie en 1 acte et en vers. 1 »

### LIADIÈRES.

- LES BATONS FLOTTANTS, comédie en 5 actes et en vers. 2 »

### E. ET H. CRÉMIEUX.

- FIESQUE, drame en 5 actes et en vers 2 »

### EUGÈNE DE STADLER.

- LE BOIS DE DAPHNÉ, pièce antique en deux actes et en vers. 1 »

### MICHEL CARRÉ.

- SCARAMOUCHE ET PASCARIEL, comédie en un acte. » 75

### MAZÈRES.

- LE COLLIER DE PERLES, comédie en 3 actes. 1 50

### CAMILLE DOUCET.

- LES ENNEMIS DE LA MAISON, comédie en 3 actes, en vers. 1 50

### ÉDOUARD FOUSSIER.

- HÉRACLITE ET DÉMOCRITE, comédie en 2 actes, en vers. 1 50
- LES JEUX INNOCENTS, comédie en 1 acte et en vers. 1 »

# THÉATRE DE VICTOR HUGO,

IMPRIMÉ A DEUX COLONNES, FORMAT GRAND IN-8.

*Chaque Pièce se vend séparément* **60 centimes.**

HERNANI, drame en 5 actes et en vers.
MARION DELORME, drame en 5 actes et en vers.
LE ROI S'AMUSE, dr. en 5 actes et en vers.
LUCRÈCE BORGIA, drame en 5 actes.
MARIE TUDOR, drame en 5 actes.
ANGELO, drame en 4 actes.
RUY-BLAS, drame en 5 actes et en vers.
LES BURGRAVES, dr. en 3 actes et en vers.
LA ESMÉRALDA, opéra en 4 actes.

## Brochures diverses.

**LAMARTINE.**
Du Projet de Constitution. . . . . . . » 30
Du Droit au Travail. . . . . . . . . . . » 30
Une seule Chambre. . . . . . . . . . . » 30
La Présidence. . . . . . . . . . . . . . » 30
Lettre aux dix Départements. . . . . » 30

**THIERS.**
Le Droit au Travail. . . . . . . . . . . » 30
Du Crédit foncier. . . . . . . . . . . . » 30

**LE COMTE DE MONTALIVET.**
Le Roi Louis-Philippe et sa Liste civile. » 50

**ÉDOUARD LEMOINE.**
Abdication du Roi Louis-Philippe. . . » 50

**ÉMILE DE GIRARDIN.**
Avant la Constitution. . . . . . . . . » 50
Journal d'un Journaliste au secret. . 1 »
Les Cinquante-Deux : 11 numéros sont en vente : I. Apostasie. — II. Le Gouvernement le plus simple. — III. L'équilibre financier par la Réforme administrative. — IV. La note du 14 décembre. — V. Respect de la Constitution. — VI. La Constituante et la Législative. — VII-VIII. La Politique de la Paix. — IX. Abolition de l'Esclavage militaire. — X-XI. Le Droit de tout dire. — XII. La Question de l'Avenir. — XIII-XIV. Le Socialisme et l'Impôt.
Prix de chaque numéro. . . . . . . . » 5

**JOHN LEMOINNE.**
De l'Intégrité de l'Empire ottoman . . 1 »

**LOUIS BLANC.**
Le Socialisme, Droit au Travail. . . . 1 »
Appel aux honnêtes Gens. . . . . . . 1 »
La Révolution de Février au Luxembourg. 1 »

**CHARLES DIDIER.**
Une Visite à M. le Duc de Bordeaux. . 1 »
Question Sicilienne. . . . . . . . . . 1 »

**L. VITET.**
Histoire financière du Gouvernement de Juillet. . . . . . . . . . . . . . . . . . » 50

**GLADSTONE.**
Deux Lettres au lord Aberdeen sur les poursuites politiques exercées par le gouvernement napolitain. . . . . . . 1 »

**DELAMARRE.**
La Vie à bon marché. — Réformes utiles. » 50
De l'Alimentation des Peuples et des Réserves de grains. . . . . . . . . . . » 50

**BONNAL.**
La Force et l'Idée. . . . . . . . . . . 1 »
Abolition du Prolétariat. . . . . . . . » 50

**BAUDELAIRE DUFAYS.**
Salon de 1846. . . . . . . . . . . . . 1 »

**LÉON FAUCHER.**
Du Crédit foncier. . . . . . . . . . . » 30
De l'Impôt sur le Revenu. . . . . . . » 30

**D. NISARD.**
Les Classes moyennes en Angleterre et la Bourgeoisie en France. . . . . . . . 1 »

**HENRI BLAZE DE BURY.**
M. le Comte de Chambord, un mois à Venise. . . . . . . . . . . . . . . . . . 1 »

**GEORGE SAND ET V. BORIE.**
Travailleurs et Propriétaires. . . . . 1 »

**DUFAURE.**
Du Droit au Travail. . . . . . . . . . » 30

**L. COUTURE.**
Du Gouvernement héréditaire en France et des trois partis qui s'y rattachent... 1 50

**ALEXANDRE DUMAS.**
Révélations sur l'Arrestation d'Émile Thomas. . . . . . . . . . . . . . . . » 50

**A. PONROY.**
Le maréchal Bugeaud. . . . . . . . . 1 »

**G. BOULLAY.**
Réorganisation administrative. . . . 1 »

**ESPRIT PRIVAT.**
Le Doigt de Dieu. . . . . . . . . . . 1 »

**UN PAYSAN CHAMPENOIS.**
A Timon, sur son projet de Constitution. » 50

## Pièces de Théâtre

### Par E. SCRIBE, de l'Académie Française.

**Chaque Pièce se vend 60 centimes.**

- Actéon,
- Actionnaires (les),
- Adieux au Comptoir (les),
- Ali-Baba,
- Ambassadeur (l'),
- Ambassadrice (l'),
- Ambitieux (l'),
- Artiste (l'),
- Auberge (l'),
- Avare en Goguette (l'),
- Aventures du petit Jonas,
- Baiser au Porteur (le),
- Bal champêtre (le),
- Belle-Mère (la),
- Bertrand et Raton,
- Bohémienne (la),
- Bon Papa (le),
- Budget d'un jeune ménage (le),
- Café des Variétés (le),
- Camilla,
- Caroline,
- Carte à payer (la),
- Chalet (le),
- Chambre à coucher (la),
- Chanoinesse (la),
- Chaperon (le),
- Charge à payer (la),
- Charlatanisme (le),
- Château de la Poularde (le),
- Chatte (la) métamorphosée en femme,
- Cheval de Bronze (le),
- Coiffeur et le Perruquier (le),
- Colonel (le),
- Combat des Montagnes (le),
- Comte Ory (le),
- Comte Ory (le), opéra,
- Concert à la cour (le),
- Confident (le),
- Coraly,
- Dame blanche (la),
- Demoiselle à marier (la),
- Demoiselle et la Dame (la),
- Dernier Jour de fortune (un),
- Deux Maris (les),
- Deux Nuits (les),
- Deux Précepteurs (les),
- Dieu et Bayadère,
- Diplomate (le),
- Domino noir (le),
- Eaux du mont Dor (les),
- Ecarté (l'),
- Empiriques d'autrefois (les),
- Elèves du Conservatoire (les),
- Ennui (l'),
- Estelle,
- Etre aimé ou mourir,
- Famille du Baron (la),
- Famille Riquebourg (la),
- Farinelli,
- Faute (une),
- Favorite (la),
- Fiancée (la),
- Fiorella,
- Fou de Péronne (le),
- Fra Diavolo,
- Frontin, mari garçon,
- Gardien (le),
- Gastronome sans argent (le),
- Grande Aventure (la),
- Grand'Mère (la),
- Grisette (la),
- Gustave III, opéra,
- Haine d'une Femme (la),
- Héritière (l'),
- Héritiers de Crac (les),
- Inconsolables (les),
- Indépendants (les),
- Intérieur d'un Bureau (l'),
- Intérieur de l'Etude (l'),
- Japhet,
- Jarretière de la mariée (la),
- Leicester,
- Léocadie,
- Lestocq,
- Loge du Portier (la),
- Lorgnon (le),
- Louise,
- Lune de Miel (la),
- Maçon (le),
- M<sup>me</sup> de Sainte-Agnès,
- Manie des places (la),
- Manteaux (les),
- Malheurs d'un amant heureux (les),
- Malvina,
- Maîtresse au logis (la),
- Mansarde des Artistes (la),
- Marraine (la),
- Mariage d'argent (le),
- Mariage enfantin (le),
- Mariage de Raison (le),
- Marquise de Brinvilliers (la),
- Médecin de dames (le),
- Médecine sans médecin (la),
- Mém. d'un Colonel,
- Ménage de Garçon (le),
- Menteur véridique (le),
- Mère de famille (la),
- Michel et Christine,
- Monomanie (une),
- Moralistes (les),
- Moulin de Javelle (le),
- Mystificateur (le),
- Neige (la),
- Nouveau Pourceaugnac (le),
- Nuées (les),
- Nuit (une) de la Garde nationale,
- Oncle d'Amérique (l'),
- Ours et le Pacha (l'),
- Parrain (le),
- Partie et Revanche,
- Passion secrète (la),
- Petit Dragon (le),
- Pension bourgeoise (la),
- Petite Sœur (la),
- Philibert Marié,
- Philippe,
- Philtre (le),
- Plus beau jour de la vie,
- Polichinelle,
- Premières Amours (les),
- Premier Chapitre (le),
- Quaker et la Danseuse,
- Quarantaine (la),
- Reine d'un jour (la),
- Rodolphe,
- Salvoisy,
- Savant (le),
- Seconde Année (la),
- Secrétaire et Cuisinier,
- Simple Histoire,
- Solliciteur (le),
- Somnambule (la),
- Soprano (le),
- Témoin (le),
- Théobald,
- Toujours,
- Treize (les),
- Trois Maîtresses (les),
- Valet de son Rival (le),
- Vatel,
- Vengeance italienne (la),
- Verre d'eau (le),
- Vieille (la),
- Vieux Garçon (le) et la Petite Fille,
- Vieux Mari (le),
- Visite à Bedlam (une),
- Volière (la),
- Xacarilla (la),
- Yelva,
- Zanetta,
- Zoé.

### Pièces de SCRIBE à 1 franc.

| | | |
|---|---|---|
| Dame de Pique (la), 1 » | Huguenots (les), 1 » | Martyrs, opéra (les), 1 » |
| Enfant Prodigue (l'), 1 » | Juive, opéra (la), 1 » | Muette de Portici (la), 1 » |
| Guido et Ginevra, opér. 1 » | Lac des Fées, opér. (le) 1 » | Prophète, opéra (le), 1 » |

## Pièces de Théâtre

**IMPRIMÉES A 2 COLONNES, FORMAT GRAND IN-8.**

| | |
|---|---|
| Ame en peine (l'), op.. | 1 » |
| Ane (l') à Baptiste, | » 60 |
| Aubry le Boucher, | » 60 |
| Bonne réputation (une), | » 60 |
| Bouillon (un) d'onze heures, | » 60 |
| Breda street, | » 60 |
| Carillon (le) de Saint-Mandé, | » 60 |
| Carotte d'or (la), | » 60 |
| Charles VI, opéra, | 1 » |
| Château (le) de la Roche noire, | » 60 |
| Chevalier (le) de Beauvoisin, | » 60 |
| Cinq Gaillards, | » 60 |
| Comique à la ville (un), | » 60 |
| Cour (la) de Baberack, | » 60 |
| Deux Camusot (les), | » 60 |
| Don Juan, opéra, | 1 » |
| Don Sébastien de Portugal, opéra, | 1 » |
| E. H. | » 60 |
| Émile ou 6 têtes dans un chapeau, | » 60 |
| Enfant du Carnaval (l'), (épuisé) | 5 » |
| Étoile du Berger (l'), | » 60 |
| Eunuque (l'), | » 60 |
| Femme de mon Mari (la) (épuisée), | 2 » |
| Frères Dondaine (les), | » 60 |
| Grand palatin (le), | » 60 |
| Grassot embêté par Ravel, | » 60 |
| Grisette de qualité (la), | » 60 |
| Guillaume Tell, opéra, | 1 » |
| Histoire (une) de voleurs, | » 60 |
| Honneur d'une Femme, | » 60 |
| Inconsolable (l'), | » 60 |
| Jardin d'Hiver (le), | 1 » |
| Jeanne d'Arc, drame, | » 60 |
| Juanita, | » 60 |
| Karel Dujardin, | » 60 |
| Libertins de Genève (les), | 1 » |
| Loretts et aristos, | » 60 |
| Mlle de Mérange, | » 60 |
| Mlle de Navailles, | » 60 |
| Maîtresse anonyme (la), | » 60 |
| Malheureux comme un nègre, | » 60 |
| Mari du bon temps (un), | » 60 |
| M. de Maugaillard, | » 60 |
| Nouvelle (la) Clarisse Harlowe, | » 60 |
| Paire (une) de gifles, | » 60 |
| Peau du Lion (la), | » 60 |
| Peureux (les), | » 60 |
| Philippe 2 roi d'Espagne, | » 60 |
| Pierrot posthume, | » 60 |
| Piquillo, opéra comique, | 1 » |
| Poisson d'avril (le), | » 60 |
| Pré aux Clercs (le), | » 60 |
| Proscrit, opéra (le), | 1 » |
| Pupilles de la Garde, | » 60 |
| Recherche de l'Inconnu, | » 60 |
| Reine de Chypre (la), | 1 » |
| République (la) des lettres, | » 60 |
| Richard Cœur-de-lion, | » 60 |
| Rocambolle le Bateleur | 1 » |
| Roman comique (le), | » 60 |
| Saint-Sylvestre (la), | 1 » |
| Serpent sous l'herbe (le), | » 60 |
| Si jeunesse savait, | 2 » |
| Société (la) du doigt dans l'œil, | 1 » |
| Suzanne de Croissy, | » 60 |
| Travestissements (les), | 1 » |
| Trois amours de Pompiers, | » 60 |
| Trompette de M. le Prince (le), | 2 » |
| Val d'Andorre (le), | 1 » |
| Vendetta (la), | » 60 |
| Veuve (la) de 15 ans, | 1 » |
| Vieux Consul (le), | 1 » |

## Pièces de Théâtre

**IMPRIMÉES DANS LE FORMAT IN-OCTAVO ORDINAIRE.**

| | |
|---|---|
| Alexis, ou l'Erreur d'un bon Père, | 1 » |
| André le Chansonnier, | 1 » |
| Belle-Mère et le Gendre, | » 60 |
| Ce que Femme veut, | 1 » |
| Cléopâtre, | 2 » |
| Clef dans le dos (la), | 1 » |
| Docteur en herbe (un), | 1 » |
| Eve, | 1 » |
| Gibby la Cornemuse, | 1 50 |
| Iphigénie en Tauride, | 1 » |
| Locataires et portiers, | 1 » |
| Modèle (le), | » 60 |
| Monomane (le), | 1 » |
| Monténégrins (les), | 2 » |
| Monsieur Pinchard, | 1 » |
| Mort de Strafford (la), | 1 50 |
| Mousquetaires de la Reine (les), | 1 50 |
| Noces de Gamache (les), | » 60 |
| Paquebot (le), | 1 » |
| Palma, | 1 » |
| Popularité (la), | » 60 |
| Princesse Aurélie, | » 60 |
| Robert Bruce, drame, | 1 » |
| Santeul, ou le Chanoine au cabaret, | 1 50 |
| Servante justifiée (la), ballet, | 1 » |
| Suzanne de Foix, | 2 » |
| Univers et la Maison (l'), | 1 50 |
| Vieillesse de Richelieu, | 1 50 |

# BIBLIOTHÈQUE DRAMATIQUE

## CHOIX

DE

### PIÈCES NOUVELLES JOUÉES SUR LES THÉATRES DE PARIS

IMPRIMÉES DANS LE FORMAT IN-18 ANGLAIS.

La Bibliothèque Dramatique publie exclusivement toutes les œuvres théâtrales nouvelles de MM. Alexandre Dumas, Bayard, Anicet-Bourgeois, Dumanoir, Jockroy, Mélesville, Frédéric Soulié et Eugène Sue, qui se sont engagés également pour leurs collaborateurs, et les œuvres choisies des meilleurs auteurs dramatiques.

*Il paraît trois ou quatre pièces par mois. — Quatre volumes par an.*

**Prix de chaque volume : 5 francs.**

Chaque volume et chaque pièce se vendent séparément. — Le tome XLII.

---

| | | |
|---|---|---|
| Le Gant et l'Éventail, » 60 | La Reine Margot, 1 » | Le Fils du Diable, 1 » |
| La Baronne de Blignac, » 60 | Une Fièvre brûlante, 2 » | Le Bonheur sous la main » 60 |
| l'Inventeur de la Poudre 1 » | Bertram le Matelot, » 60 | Rose et Marguerite, » 60 |
| Château des Sept-Tours 3 » | Alceste, 1 » | Simon le voleur, » 60 |
| Sport et Turf, 2 » | L'Enfant de l'Amour, » 60 | Isabelle de Castille, » 60 |
| Le Docteur Noir, » 60 | Notre Fille est princesse » 60 | Le Passé et l'Avenir, » 60 |
| Charlotte, » 60 | La Reine Argot, » 60 | Le Réveil du Lion, » 60 |
| Clarisse Harlowe, » 60 | Palma, » 60 | Le Chevalier d'Essonne, » 60 |
| Madame de Tencin, 5 » | Un Docteur en herbe, » 60 | Premiers beaux Jours, » 60 |
| Don Gusman, 1 » | La Loge de l'Opéra, » 60 | Regardez, mais ne tou- |
| Le Bonhomme Richard » 60 | Ce que Femme veut, » 60 | chez pas, » 60 |
| Gentil-Bernard, » 60 | Léonard le Perruquier, » 60 | Martin et Bamboche, 1 » |
| Echec et Mat, 1 » | Le Bouquet de l'Infante 1 » | Ordonnance du Médecin » 60 |
| Un Mari qui se dérange, » 60 | Un Coup de vent, » 60 | Le Coin du Feu, » 60 |
| La Closerie des Genêts, 1 » | Père et Portier, 5 » | Cléopâtre, 2 » |
| Une Chambre à deux lits » 60 | Le Chiffonnier de Paris, 1 » | Jacques le Fataliste, » 60 |
| Les Demoiselles de noce » 60 | La Vicomtesse Lolotte, » 60 | Gastibelza, 1 » |
| Le Nœud gordien, » 60 | Le Trottin de la Modiste 3 » | Une jeune Vieillesse, » 60 |
| Pierre Février, » 60 | Les Nuits blanches, » 60 | Les premiers Pas, » 60 |
| Gibby la Cornemuse, 1 » | Etouffeurs de Londres, » 60 | Jérôme le Maçon, » 60 |
| Le Lait d'Anesse, » 60 | La Bouquetière, 1 » | Jérusalem, opéra. 1 » |
| La Poudre-Coton, » 60 | Les Notables de l'endroit » 60 | En bonne fortune, » 60 |
| Diable ou Femme, 1 » | Robert Bruce, drame, » 60 | Le Trésor du pauvre, » 60 |
| Un Mari fidèle, » 60 | Pour arriver, » 60 | La Dernière Conquête, » 60 |
| Robert Bruce, opéra, 1 » | Intrigue et Amour, » 60 | Un Château de Cartes, » 60 |
| Marie ou l'Inondation, » 60 | Un Mousquetaire gris, 1 » | Hamlet, 1 » |
| Mystères du Carnaval, » 60 | Le jeune Père, » 60 | Un Banc d'Huîtres, 1 » |
| Mademoiselle Navarre, » 60 | L'Ecole des Familles, 1 » | Les Geais, » 60 |
| Trois Rois, Trois Dames » 60 | Le Chirurgien-major, 1 » | Les Tribulations d'un |
| Un Coup de lansquenet, » 60 | Charlotte Corday, » 60 | grand Homme, » 60 |
| Irène, ou le Magnétisme » 60 | Chev. de Maison-Rouge, 1 » | Journal d'une Grisette » 60 |
| En Province, 1 » | Les deux Foscari, 1 » | La Marinette, » 60 |
| Filleul de tout le monde » 60 | Les Chiffonniers, » 60 | Mémoires de Grammont » 60 |
| Le Fantôme, » 60 | Léa ou la Sœur du Soldat » 60 | Lavater, » 60 |

## BIBLIOTHÈQUE DRAMATIQUE.

| Titre | Prix | Titre | Prix | Titre | Prix |
|---|---|---|---|---|---|
| Hortense de Blengle, | » 60 | Comment les femmes se vengent, | » 60 | Piquillo-Alliaga, | 1 » |
| Mousquet. de la Reine, | 1 » | | | La Chute de Séjan, | 2 » |
| Le Marquis de Lauzun, | » 60 | Les Marrons d'Inde, | 3 » | 1° N° Foire aux Idées, | » 60 |
| Léonie, | » 60 | Mystères de Londres, | 1 50 | Frisette, | » 60 |
| Extrê. es se touchent, | » 60 | Tout Chemin mène à Rome, | » 60 | Petit-Pierre, | » 60 |
| Amo r et Bergerie, | » 60 | | | Graziella, | » 60 |
| Le . nit défendu, | » 60 | Le Café, | 1 » | Le Bal du Prisonnier, | » 60 |
| Le Petit-Fils, | » 60 | Montagne et Gironde | 2 » | Deux Hommes, | 1 » |
| Griseldis, | 1 » | Bon gre, malgré, | » 60 | La Famille Poisson, | » 60 |
| La Clef dans le dos, | » 60 | La petite Cousine, | » 60 | Les Belles de Nuit, | » 60 |
| Notre-Dame-des-Anges | 1 » | Le Pardon de Bretagne | 1 » | Les Deux Sans-Culottes, | 60 |
| Le Collier du roi, | » 60 | La Foire aux Idées, | » 60 | La Femme à la Broche, | » 60 |
| Gilles Ravisseur, | » 60 | Les Orphelins du pont Notre-Dame, | » 60 | Croque-Poule, | » 60 |
| Un Jeune homme pressé | » 60 | | | L'Impertinent, | » 60 |
| Le Pouvoir d'une femme | » 60 | La Popularité, | » 60 | La Jeunesse dorée, | 1 » |
| Le 21 Février, à-propos | 60 | Le 21 Février, drame, | » 60 | La Vie de Bohème, | 1 » |
| Vestris, | » 60 | La Pens on alimentaire | » 60 | Une Tempête dans un Verre d'eau, | 1 » |
| La Foi, l'Espérance et la Charité, | 1 » | Le Berger de Souvigny, | » 60 | | |
| | | La Tasse Cassée, | 2 » | Les Marraines de l'An 3, | 60 |
| Un Voyage sentimental | 3 » | Le Pasteur, | » 60 | L'Année prochaine, | » 60 |
| March. de jouets d'enf. | 1 » | Mauvais Cœur, | 1 » | Les Quatre Fils Aymon, | 60 |
| Une Poule, | » 60 | L'Amitié des Femmes, | 1 » | La Bossue, | » 60 |
| Horace et Caroline, | 1 » | Une Dent sous Louis XV, | 10 » | Les Deux Célibats, | » 60 |
| Le Maréchal Ney, | 2 » | Rachel, ou la belle Juive | » 60 | Diviser pour Régner, | » 60 |
| Eric, ou le Fantôme, | » 60 | Habit, Veste et Culotte, | » 60 | Les Porcherons, | 1 » |
| Guillaume le Débardeur | » 60 | Vautrin et Frisé-Poulet | » 60 | Lulli, | » 60 |
| Le Demon familier, | » 60 | L'Habit vert, | » 60 | Saisons vivantes, | » 60 |
| Un et un font un, | » 60 | La Mort de Strafford, | » 60 | Laurence, | » 60 |
| Les Frais de la guerre, | 2 » | La Danse des Écus, | 1 » | Rosette et Nœud coulant, | » 60 |
| Niaise de Saint-Flour | 2 » | 2° N° Foire aux Idées, | » 60 | | |
| Marceau, | 3 » | Louis XVI et Marie-Antoinette, | 1 » | Métamorph. de Jeannette, | 60 |
| Un Déménagement, | 1 » | | | M de Lyon, | » 60 |
| Premières coquetteries | » 60 | La Paix à tout prix, | » 60 | Une Tutelle en carnaval | 60 |
| Les Portraits, | » 60 | La Cornemuse du diable | » 60 | J'ai mangé mon ami, | » 60 |
| La Marâtre, | 1 » | Le Comte de Ste-Hélène | » 60 | Les Bijoux indiscrets, | » 60 |
| Le Morne au Diable, | 1 » | Le Curé de Pomponne | » 60 | Henriette Deschamps, | » 60 |
| Le Premier coup de canif | » 60 | Gardée à vue, | » 60 | Un monsieur qu'on n'attendait pas, | » 60 |
| Le Vrai club des femmes | 1 » | Les Montenegrins, | 1 » | | |
| Jeanne Mathieu, | » 60 | Bouquet de Violettes, | » 60 | Nisus et Euryale, | » 60 |
| La Taverne du Diable, | » 60 | Les Prétendants, | » 60 | Un Coup d'état, | » 60 |
| Comtesse de Seunecey | 2 » | Le Guérillas, | » 60 | Louise de Vaulcroix, | » 60 |
| Le Camp de Saint-Maur | » 60 | Jobin et Nanette, | » 60 | Embrassons-nous, Folleville, | » 60 |
| Le Chemin de Traverse | » 60 | André Chénier, | 1 » | | |
| Le Lion empaillé, | 1 » | Un Drame de Famille, | » 60 | Colombine, | » 60 |
| Parades de nos Pères | 1 » | Elzéar Chalamel, | » 60 | Notre-Dame de Paris, | 1 » |
| Le Livre Noir, | » 60 | Les Trois Étages, | » 60 | Le Courrier de Lyon, | » 60 |
| L'Affaire Chaumontel, | 1 » | Les Puritains d'Écosse, | 1 » | L'Odalisque, | » 60 |
| Catilina, | 1 » | La Grosse Caisse, | » 60 | Restaurat. des Stuarts, | 1 » |
| Les Fonds secrets, | 1 » | Un Duel chez Ninon | 2 » | Princesse et Charbonnière, | » 60 |
| Sept péchés capitaux | 1 » | Le Toréador, | » 60 | | |
| Les Deux font la paire | » 60 | Conspiration de Mallet, | » 60 | Une Idée fixe, | » 60 |
| Un Coup de pinceau, | » 60 | Le Fil de la Vierge, | 1 » | Le Sous-Préfet s'amuse, | » 60 |
| Macbeth, | 1 » | Brutus, lâche César, | » 60 | Songe d'une Nuit d'été, | 1 » |
| Envies de M. Godard | 5 » | Pompée, | » 60 | La Petite Fadette, | » 60 |
| Vieillesse de Richelieu | 1 » | Exposition des Produits de la République, | » 60 | Traversin et Couverture, | » 60 |
| Le Cuisinier politique | » 60 | | | Le Mariage en 3 Étapes, | » 60 |
| L'Ile de Tohu-Bohu, | 2 » | 3° N° Foire aux Idées, | » 60 | L'Amour mouillé, | » 60 |
| Un Vilain Monsieur, | » 60 | Le Feu de Paille, | » 60 | La Maison du Garde, | » 60 |
| Le Czar Cornelius, | » 60 | L'Hôtel de la Tête noire, | » 60 | Suffrage 1er, | » 60 |
| Fualdès, | 2 » | Eva, | » 60 | Garçon de chez Véry, | » 60 |
| Le Roi de Cœur, | » 60 | Les Atomes crochus, | » 60 | La Volière, | » 60 |
| 12 travaux d'Hercule | » 60 | L'Oiseau de Passage, | » 60 | Le Jeu de l'amour et de la cravache, | » 60 |
| L'Argent, | » 60 | La Sonnette du Diable, | » 60 | | |
| Lampions de la veille, | 1 » | Rome, drame, | 1 » | Queue du chien d'Alcib. | 60 |
| Rage d'Amour, | » 60 | L'Épouvantail, | » 60 | Un Vieil Innocent, | » 60 |

## BIBLIOTHÈQUE DRAMATIQUE.

| Titre | Prix | Titre | Prix | Titre | Prix |
|---|---|---|---|---|---|
| Le Roi de Rome, | » 60 | Les Métamorphoses de | | Diane, | 2 » |
| Le Bourgeois de Paris, | » 60 | l'Amour, | » 60 | 1res Armes de Blaveau, | » 60 |
| Roméo et Marielle, | » 60 | Le Muet, | 1 » | Paris qui dort, | 1 » |
| Capitaine... de Quoi, | » 60 | Dans une baignoire, | » 60 | 5 minut. du commandeur | |
| Chodruc-Duclos, | » 60 | Les Routiers, | 1 » | Maman Sabouleux, | » 60 |
| Présid. de la Basoche, | » 60 | Amour à l'aveuglette, | » 60 | Le Piano de Berthe, | » 60 |
| Le Sopha, | 60 | Contes d'Hoffmann, | 1 » | Un M. qui prend la mouche | 60 |
| L'Echelle de femmes, | « 60 | Le Démon de la Nuit, | 1 » | Les 3 Amours de Tibulle | 60 |
| Fantaisies de Milord, | » 60 | Le second Mari de ma | | 2 Coqs vivaient en paix. | » 60 |
| Le Bonhomme Jacques, | » 60 | Femme, | » 60 | Les Barrières de Paris, | |
| Les Roués innocents, | » 60 | Martial le Casse-cœur, | » 60 | Benvenuto Cellini, | 2 » |
| Faust et Marguerite, | » 60 | Midi à Quatorze heures, | 2 » | Un mari d'occasion, | » 60 |
| Qui se dispute s'adore, | » 60 | Mme Bertrand et Mlle Ra- | | Galathée, | 1 » |
| Héraclite et Démocrite, | » 60 | ton, | » 60 | Mémorial de Ste-Hélène | 1 » |
| Les pavés sur le pavé, | » 60 | Souper de la marquise, | » 60 | Le Bonhomme Jadis, | 1 » |
| Charles VI, opéra, | 1 » | La Fin du Roman, | » 60 | La Mendiante, | 1 » |
| L'Amant Jaloux, | » 60 | Comment l'esprit vient | | L'Exil de Machiavel, | 1 » |
| Mariage sous la régence, | » 60 | aux garçons, | » 60 | La Prise de Capriée, | » 60 |
| Pied-de-Fer, | 1 » | C'est la faute du Mari, | 1 » | Soufflez-moi dans l'œil, | » 60 |
| Marianne, | 1 » | Aventures de Suzanne, | » 60 | Suites d'un premier lit, | » 60 |
| Quand on attend sa belle, | 60 | Les Vengeurs, | » 60 | Canader père et fils, | » 60 |
| Divorce sous l'empire, | » 60 | Si Dieu le veut, | 1 » | Déménagé d'hier, | » 60 |
| La dot de Mariette, | » 60 | Ferme de Primerose, | 2 » | Paris qui s'éveille, | 2 » |
| Les Deux Aigles, | » 60 | Le Père Jean, | » 60 | Chasse au Lion, | » 60 |
| La plus belle nuit de la vie, | 60 | Derrière le Rideau, | » 60 | Les Coulisses de la vie, | » 60 |
| Le Talisman, | » 60 | Les Bâtons flottants, | 2 » | Les Nuits de la Seine, | 1 » |
| Phénomène, | » 60 | La Femme qui trompe | | Ulysse, | 2 » |
| Baignoires du Gymn., | » 60 | son Mari, | » 60 | Yorck, | » 60 |
| Douairière de Brionne, | » 60 | Salvator Rosa, | 1 » | Les Gaîtés champêtres, | » 60 |
| Sapho, | » 60 | En manches de chemise, | » 60 | Par les fenêtres, | » 60 |
| Amoureux sans le savoir, | 60 | Un chapeau de paille, | » 60 | Donnant, donnant, | » 60 |
| Un Monsieur qui suit | | Un fameux numéro, | » 60 | Le Duel de mon oncle, | » 60 |
| les femmes, | 2 » | Le Mari d'une jolie | | La Croix de Marie, | 1 » |
| Bajazet, | » 60 | Femme, | » 60 | La Perdrix rouge, | » 60 |
| Pomponette et Pompad. | » 60 | Mathurin Régnier, | 1 » | La Tête de Martin, | » 60 |
| Portes et Placards, | » 60 | Le Prophète, | 1 » | Le terrible Savoyard, | » 60 |
| Prétendus de Gimblette, | 60 | Sous les pampres, | » 60 | Berthe la Flamande, | 2 » |
| Règne des escargots, | » 60 | Un Roi de la mode, | » 60 | La Chambre rouge, | 2 » |
| Ennemis de la maison, | » 60 | Les 4 parties du monde, | » 60 | Les Avocats, | » 60 |
| Le Maître d'armes, | » 60 | Marthe et Marie, | 1 » | Le Sage et le Fou, | 1,50 |
| Jean le postillon, | » 60 | Mosquita la Sorcière, | 1 » | La Chatte Blanche, | » 60 |
| L'Hôtel de Nantes, | » 60 | Dieu merci! le couvert | | Aux Eaux de Spa, | » 60 |
| Le Canotier, | » 60 | est mis, | » 60 | Le Trou des lapins, | » 60 |
| Mémoires du Gymnase, | » 60 | Les Filles de l'air, | » 60 | Roquelaure, | 1 » |
| Fais la cour à ma femme, | 60 | Le Coucher d'une Etoile, | 60 | Le Père Gaillard, | 1 » |
| Une Clarinette qui passe, | » 60 | Les derniers adieux, | » 60 | Si j'étais roi! | 1 » |
| Testament d'un garçon, | » 60 | Allons battre ma femme, | » 60 | Souvenirs de jeunesse, | 1 » |
| Un Mystère, | » 60 | Tambour battant, | » 60 | Paris qui pleure et Paris | |
| Trois coups de pied, | » 60 | Les Droits de l'homme, | 1 » | qui rit, | 1 » |
| Tout vient à point, | » 60 | Les Robes blanches, | » 60 | Une Nuit orageuse, | » 60 |
| Steeple-chase, | » 60 | Mlle de la Seiglière, | 1 50 | Piccolet, | » 60 |
| Vol à la fleur d'orange, | » 60 | Yvonne et Loïc, | » 60 | Deux Gouttes d'eau, | » 60 |
| Jeanne, | » 60 | Hortense de Cerny, | » 60 | Marie Simon, | 2 » |
| La tante Vertuchoux, | » 60 | Les Crapauds immortels, | 60 | Scapin, | » 60 |
| Don Gaspar, | 1 » | Le Château de la Barbe- | | Vieux de la vieille Roche, | 60 |
| Le Collier de perles, | 2 » | Bleue, | 1 » | Parjure de Jules-Denis, | 1 » |
| Femme qui perd ses Jar., | » 60 | La Fileuse, | » 60 | Edgard et sa Bonne, | » 60 |
| Une passion du Midi, | 1 » | Bonaparte en Égypte, | » 60 | L'ami François, | » 60 |
| Deux Lions râpés, | » 60 | Marionnettes du Doc- | | La Bergère des Alpes, | 1 » |
| Bonsoir, M. Pantalon, | » 60 | teur, | 1 » | Thérèse, Ange et Démon | » 60 |
| La Chasse au Roman, | 1 » | Le Château de Grantier, | 1 » | Mam'zell' Rose, | » 60 |
| Bruyère, | » 60 | Un Mari trop aimé, | » 60 | Voyage autour d'une jo- | |
| On demande des Culot- | | La Dame de la Halle, | 1 » | lie femme, | » 60 |
| tières, | » 60 | 1er Tableau de Poussin, | 1 » | Les Quatre coins, | » 60 |
| Manon Lescaut, | 1 » | Carillonneur de Bruges, | 1 » | L'Amour pris aux cheveux | 60 |

## BIBLIOTHÈQUE DRAMATIQUE.

| Titre | Prix | Titre | Prix | Titre | Prix |
|---|---|---|---|---|---|
| Mari qui n'a rien à faire | 2 » | Une Femme dans ma fontaine, | » 60 | La Forêt de Sénart, | » 60 |
| La Femme aux œufs d'or, | 60 | | | Les Cosaques, | 1 » |
| Grandeur et Décadence de M. Prudhomme, | 1 » | On demande un Gouverneur, | 1 » | Le célèbre Vergeot, | » 60 |
| Ce que vivent les roses, | » 60 | La Fronde, | 1 » | Les Orphelines de Valneige, | 1 » |
| Le Chêne et le Roseau, | » 60 | Le Colin-Maillard, | » 60 | Diane de lys et de Camélias, | » 60 |
| Un Fils de Famille, | 1 » | Quand on veut tuer son chien, | » 60 | Betly, opéra, | 1 » |
| Paniers de la comtesse, | » 60 | Un ut de poitrine, | » 60 | La Pierre de Touche, | 2 » |
| Les Inséparables, | » 60 | Le Vieux Caporal, | 1 » | Souvent femme varie, | » 60 |
| Mon Isménie, | » 60 | Les Mém. de Richelieu | » 60 | Georgette, | » 60 |
| Le Chevalier des Dames, | 60 | Les Filles de Marbre, | 1 » | Les Oiseaux de la Rue, | 1 » |
| Guillery le Trompette, | 1 » | Le ciel et l'enfer, | » 60 | Le Télégraphe électrique | 60 |
| Ah! vous dirai-je, maman, | 60 | Quand on attend sa bourse, | » 60 | Louise de Nanteuil, | 1 » |
| Les Variétés de 1859, | 1 » | | | Une Soubrette de qualité, | 60 |
| Orfa, | 1 » | Un coup de vent, | » 60 | L'Homme à la Tuile, | » 60 |
| Le Loup dans la Bergerie, | 60 | Un Ménage à trois, | » 60 | Les Erreurs du bel âge, | » 60 |
| Le Cœur et la Dot, | 2 » | Les Mystère de l'été, | 2 » | Elisabeth, | 1 » |
| Feuilleton d'Aristophane | 60 | Un banquier comme il y en a peu, | 60 » | Théodore, | » 60 |
| Alexandre chez Appelles | 60 | Le Lys dans la vallée, | 2 » | L'Etoile du Nord | 1 » |
| Une charge de cavalerie | 60 | L'Ane mort, | 1 » | Deux profonds Scélérats | » 60 |
| Une Femme qui se grise | 60 | Chasse aux Corbeaux, | 1 » | La Marquise de Tulipano, | 60 |
| La Case de l'oncle Tom, | 1 » | Honneur de la maison, | 1 » | La Joie fait peur, | 1 50 |
| Louise Miller, | 1 » | Le Chevalier Coquet | » 60 | La Crise, | 1 50 |
| L'Oncle Tom, | 1 » | Les Trois Sultanes, | 1 » | Deux Femmes en gage, | 60 |
| Un Ami acharné, | » 60 | Les Jeux innocents, | » 60 | Où passerai-je mes soirées, | » 60 |
| La Terre promise, | » 60 | Un Feu de Cheminée, | » 60 | Le Laquais d'Arthur, | » 60 |
| M. le Vicomte, | » 60 | L'Amour au Daguerréotype, | » 60 | Le Meunier, son Fils et Jeanne, | 60 |
| Merlan en bonne fortune, | 60 | Un Homme entre deux airs, | » 60 | La Promise, | 1 » |
| Le Sourd, | 1 » | | | La Vestale, | 1 » |
| Les Noces de Jeannette, | 1 » | Un Chapeau qui s'envole, | » 60 | Vie d'une Comédienne, | 1 » |
| Lady Tartuffe, | 2 » | La Moissonneuse, | 1 » | L'Argent du Diable, | 1 » |
| Madelon, | 1 » | Le Nabab, | 1 » | Le Pendu, | 1 » |
| Contes de la reine de Navarre, | 1 25 | Le Voile de dentelle, | 1 » | Sur la Terre et sur l'Onde, | 1 » |
| Bataille de Dames, | 1 » | Gusman le brave, | 2 » | Un Mari qui prend du Ventre, | » 60 |
| La Chanteuse voilée, | » 60 | Les Enfers de Paris, | 1 » | Le Gendre de M. Poirier | 2 » |
| Elisa ou un Chapitre de l'Oncle Tom, | » 60 | Le Pressoir, | 2 » | La Bonne Aventure, | 1 » |
| Bocace, | 1 » | Bonsoir Voisin, | » 60 | L'Esprit familier, | » 60 |
| La Boisière, | 1 » | Les Sept Merveilles du monde, | 1 » | 33,333 fr. 33c. par jour, | » 60 |
| Les Folies dramatiques | 1 » | Georges et Marie, | 1 » | Reculer pour mieux sauter, | » 60 |
| L'Honneur et l'Argent, | 2 » | Le Bijou perdu, | 1 » | M. de La Palisse, | » 60 |
| La Malaria, | 2 » | La Prière des naufragés | 1 » | La Bête du bon Dieu, | 1 » |
| Souvenirs de voyage, | » 60 | To Be, or not to be, | » 60 | Pas Jaloux, | » 60 |
| Un Notaire à marier, | » 60 | Colette, | 1 » | La Rose de Bohême, | » 60 |
| Philiberte, | 1 50 | Le Pour et le Contre, | 1 » | Le Marbrier, | 1 » |
| La Tonelli, | 1 » | Madame est de retour, | » 60 | | |
| Marie-Rose, | 1 » | | | | |
| Un Mari en 150, | » 60 | | | | |
| Les Lundis de Madame, | 1 » | | | | |

## Ouvrages Illustrés.

### L'ASSEMBLÉE NATIONALE COMIQUE,

180 dessins inédits de CHAM, texte par LIREUX. — 1 beau volume très-grand in-8°, Prix : broché, 14 francs; relié en toile, avec plaques spéciales, doré sur tranches. Prix : 20 fr.

### JÉROME PATUROT
#### A LA RECHERCHE DE LA MEILLEURE DES RÉPUBLIQUES.

Par LOUIS REYBAUD, illustré par TONY JOHANNOT. — Un beau volume très-grand in-8°, contenant 160 vignettes dans le texte et 30 types. — Prix : broché, 15 francs; relié en toile, avec plaques spéciales, doré sur tranches. Prix : 20 fr.

### LE FAUST DE GOETHE.

Traduction revue et complète, précédée d'un Essai sur Goethe, par HENRI BLAZE; édition illustrée de 9 vignettes, dessinées par TONY JOHANNOT, et d'un nouveau portrait de Goethe gravés sur acier par M. LANGLOIS et tirés sur papier de Chine. — Un volume grand in-8°. — Prix : broché, 8 fr.; relié en toile, avec plaques, doré sur tranches. Prix : 12 fr.

### THÉATRE COMPLET DE VICTOR HUGO.

Un beau volume grand in-8°, orné du portrait de Victor Hugo et de six gravures sur acier, d'après les dessins de MM. RAFFET, L. BOULANGER, J. DAVID, etc., etc. — Prix : broché, 6 fr. 50 cent.; relié en toile, avec plaques, doré sur tranches. Prix : 10 fr.

---

## EN VENTE :

## DICTIONNAIRE
# DE LA CONVERSATION
## ET DE LA LECTURE,

Inventaire raisonné des notions générales les plus indispensables à tous

### PAR UNE SOCIÉTÉ DE SAVANTS ET DE GENS DE LETTRES.

*Les six premiers volumes sont en vente.*

---

### SECONDE ÉDITION,

Entièrement refondue, corrigée et augmentée de plusieurs milliers d'articles tout d'actualité.

### CONDITIONS DE LA SOUSCRIPTION.

La SECONDE ÉDITION du *Dictionnaire de la Conversation et de la Lecture* se composera de 15 volumes grand in-8°, format dit *Panthéon littéraire*, de 800 pages chacun, à deux colonnes, sur papier vélin superfin satiné. Le chiffre de 15 volumes demeure invariablement fixé dès à présent. En conséquence, l'éditeur s'engage à délivrer gratuitement aux souscripteurs tout volume excédant ce nombre.

Les quinze volumes seront publiés en 150 livraisons de 80 pages chacune.
*Dix livraisons formeront un volume.*
Il paraît régulièrement une livraison TOUS LES SAMEDIS.

### PRIX DE LA LIVRAISON : UN FRANC VINGT-CINQ CENTIMES.
### Prix du volume : 12 fr. 50 c.

Il est accordé des primes spéciales aux deux mille premiers souscripteurs inscrits.
Pour plus amples renseignements, faire demander le prospectus complet.

# LE THÉATRE CONTEMPORAIN ILLUSTRÉ

## CHOIX DE PIÈCES

Jouées sur tous les Théâtres de Paris.

---

### PIÈCES EN VENTE :

**1re SÉRIE. — PRIX : 1 FRANC.**

| | |
|---|---|
| Le Chiffonnier de Paris. | 20 c. |
| La Closerie des Genêts. | } 40 |
| Une Tempête dans un verre d'eau. | |
| Le Morne au Diable. | } 40 |
| Pas de Fumée sans Feu. | |

**2e SÉRIE. — PRIX : 1 FRANC.**

| | |
|---|---|
| Trois Rois, trois Dames. | 20 |
| La Mardire. | } 40 |
| La Ferme de Primerose. | |
| Le Chevalier de Maison-Rouge. | } 40 |
| L'Habit vert. | |

**3e SÉRIE. — PRIX : 1 FRANC.**

| | |
|---|---|
| Benvenuto Cellini. | } 40 |
| Friselle. | |
| Clarisse Harlowe. | 20 |
| La Reine Margot. | } 40 |
| Jean le Postillon. | |

**4e SÉRIE. — PRIX : 1 FRANC.**

| | |
|---|---|
| La Foi, l'Espérance et la Charité. | } 40 |
| Le Bal du Prisonnier. | |
| Hamlet. | } 40 |
| Le Lait d'ânesse. | |
| Hortense de Blengie. | 20 |

**5e SÉRIE. — PRIX : 1 FRANC.**

| | |
|---|---|
| Le Fils du Diable. | } 40 |
| Une Dent sous Louis XV. | |
| Le Livre noir. | } 40 |
| Midi à quatorze heures. | |
| La petite Fadette. | 20 |

**6e SÉRIE. — PRIX : 1 FRANC.**

| | |
|---|---|
| La Vie de Bohême. | } 40 |
| Graziella. | |
| La Chambre rouge. | } 40 |
| Un jeune Homme pressé. | |
| Le Docteur noir. | 20 |

**7e SÉRIE. — PRIX : 1 FRANC.**

| | |
|---|---|
| Martin et Bamboche. | } 40 |
| Les deux Sans-culotte. | |
| Les Mystères du Carnaval. | } 40 |
| Croque-Poule. | |
| Une Fièvre brûlante. | 20 |

**8e SÉRIE. — PRIX : 1 FRANC.**

| | |
|---|---|
| Bataille de Dames. | 20 |
| Le Pardon de Bretagne. | } 40 |
| La Parure de Jules Denis. | |
| Paris qui dort. | } 40 |
| Paris qui s'éveille. | |

**9e SÉRIE. — PRIX : 1 FRANC.**

| | |
|---|---|
| Intrigue et Amour. | } 40 |
| Le Marchand de Jouets d'Enfants. | |
| Gentil Bernard. | } 40 |
| Jobin et Nanette. | |
| Le Collier de Perles. | 20 |

**10e SÉRIE. — PRIX : 1 FRANC.**

| | |
|---|---|
| Le Bourgeois de Paris. | 20 |
| Les Contes de la Reine de Navarre. | } 40 |
| Qui se dispute s'adore. | |
| Marie Simon. | } 40 |
| La Famille Poisson. | |

**11e SÉRIE. — PRIX : 1 FRANC.**

| | |
|---|---|
| Les Nuits de la Seine. | } 40 |
| Un Garçon de chez Véry. | |
| Un Chapeau de paille d'Italie. | 20 |
| L'Oncle Tom. | } 40 |
| Chasse au Lion. | |

**12e SÉRIE. — PRIX : 1 FRANC.**

| | |
|---|---|
| Berthe la Flamande. | } 40 |
| Un Mari qui n'a rien à faire. | |
| Le Testament d'un garçon. | 20 |
| La Chatte Blanche. | } 40 |
| L'Amour pris aux cheveux. | |

## LE THÉATRE CONTEMPORAIN ILLUSTRÉ.

**13ᵉ SÉRIE. — PRIX : 1 FRANC.**

| | |
|---|---|
| Le Courrier de Lyon. | } 40 |
| Par les Fenêtres. | |
| Le Roi de Rome. | 20 |
| Un Monsieur qui suit les Femmes. | } 40 |
| La Terre promise. | |

**14ᵉ SÉRIE. — PRIX : 1 FRANC.**

| | |
|---|---|
| Les Sept Péchés capitaux. | } 40 |
| La Tête de Martin. | |
| Le Sage et le Fou. | 20 |
| Le Muet. | } 40 |
| Un Merlan en bonne fortune. | |

**15ᵉ SÉRIE. — PRIX : 1 FRANC.**

| | |
|---|---|
| Les Quatre fils Aymon. | } 40 |
| Scapin. | |
| Un Premier Coup de Canif. | 20 |
| Roquelaure. | } 40 |
| Une Nuit Orageuse. | |

**16ᵉ SÉRIE. — PRIX : 1 FRANC.**

| | |
|---|---|
| La Mendiante. | } 40 |
| La Tonelli. | |
| Les Avocats. | 20 |
| Marianne. | } 40 |
| Une Charge de cavalerie. | |

**17ᵉ SÉRIE. — PRIX : 1 FRANC.**

| | |
|---|---|
| Les Coulisses de la vie. | } 40 |
| Un Ami acharné. | |
| La Bergère des Alpes. | } 40 |
| Les Paniers de la Comtesse. | |
| Marie, ou l'inondation. | 20 |

**18ᵉ SÉRIE. — PRIX : 1 FRANC.**

| | |
|---|---|
| Les Sept Merveilles du Monde. | } 40 |
| Un Coup de vent. | |
| Notre-Dame de Paris. | } 40 |
| Les Lundis de Madame. | |
| Le Château des Sept Tours. | 20 |

**19ᵉ SÉRIE. — PRIX : 1 FRANC.**

| | |
|---|---|
| Les Mystères de l'Été. | } 40 |
| Voyage autour d'une Jolie Femme. | |
| Le Cœur et la Dot. | } 40 |
| Un Ut de Poitrine. | |
| Léonard le perruquier. | 20 |

**20ᵉ SÉRIE. — PRIX 1 FRANC.**

| | |
|---|---|
| Les sept Merveilles du N° 7. | } 40 |
| L'ami François. | |
| Les Enfers de Paris. | } 40 |
| Ar-la. | |
| La Nuit du Vendredi-Saint. | 20 |

**21ᵉ SÉRIE. — PRIX : 1 FRANC.**

| | |
|---|---|
| Les Cosaques. | } 40 |
| Un Monsieur qu'on n'attendait pas. | |
| Bertram le Matelot. | } 40 |
| L'Amour au Daguerréotype. | |
| Irène ou le Maynétisme. | 20 |

**22ᵉ SÉRIE. — PRIX : 1 FRANC.**

| | |
|---|---|
| Les Mystères de Londres. | } 40 |
| Un vilain Monsieur. | |
| Le Lys dans la Vallée. | } 40 |
| Un Homme entre deux Airs. | |
| La Forêt de Senart. | 20 |

**23ᵉ SÉRIE. — PRIX : 1 FRANC.**

| | |
|---|---|
| Catilina. | } 40 |
| Théodore. | |
| Le Voile de Dentelle. | } 40 |
| Les Fureurs de l'Amour. | |
| Les Folies dramatiques. | 20 |

**24ᵉ SÉRIE. — PRIX : 1 FRANC.**

| | |
|---|---|
| La Comtesse de Sennecey. | } 40 |
| Edgard et sa Bonne. | |
| Manon Lescaut. | } 40 |
| Les Mémoires de Richelieu. | |
| L'Ane mort. | 20 |

---

## Conditions de la Souscription.

### IL PARAIT

| | |
|---|---|
| Une ou deux Livraisons par semaine. | Une Série tous les mois. |
| Chaque Livraison contient une Pièce. | Chaque Série contient cinq Pièces. |
| PRIX : 20 CENTIMES. | PRIX : 1 FRANC. |

**CHAQUE PIÈCE EST PUBLIÉE AVEC UN DESSIN**
REPRÉSENTANT UNE DES PRINCIPALES SCÈNES DE L'OUVRAGE.

# MUSÉE LITTÉRAIRE

### DU SIÈCLE

Choix des meilleurs Ouvrages modernes de MM. de LAMARTINE, Alexandre DUMAS, de BALZAC, Jules JANIN, Eugène SUE, Émile de GIRARDIN, Charles de BERNARD, Frédéric SOULIÉ, Jules SANDEAU, MÉRY, Alphonse KARR, Léon GOZLAN, Félix PYAT, Émile SOUVESTRE, SCRIBE, Paul FÉVAL, Marc FOURNIER, SAINTINE, Louis DESNOYERS, Emmanuel GONZALÈS, Michel MASSON, Émile MARCO DE SAINT-HILAIRE, etc., etc.

*Il paraît deux livraisons par semaine, ou une série tous les quinze jours.*

**20 centimes la Livraison, composée de 24 Pages.**

---

### EN VENTE, OUVRAGES COMPLETS.

**ALEXANDRE DUMAS.**

| | | |
|---|---|---|
| Les Trois Mousquetaires. 1 vol. | 1 | 50 |
| Vingt ans après | 2 | » |
| Le Vicomte de Bragelonne | 4 | 50 |
| Le Comte de Monte-Cristo | 3 | 60 |
| Le Chevalier de Maison-Rouge | 1 | 10 |
| La Reine Margot | 1 | 50 |
| Ascanio | 1 | 30 |
| La Dame de Monsoreau | 2 | 20 |
| Amaury | » | 90 |
| Les Frères corses | » | 50 |
| Les Quarante-cinq | 2 | 20 |
| Les deux Diane | 2 | » |
| Le Maître d'armes | » | 90 |
| Le Bâtard de Mauléon | 1 | 80 |
| La Guerre des Femmes | 1 | 50 |
| Mémoires d'un Médecin (Balsamo) | 3 | 60 |
| Georges | » | 90 |
| Une Fille du Régent | 1 | 10 |

**ALEXANDRE DUMAS.**

| | | |
|---|---|---|
| Impressions de Voyage (Suisse) | 2 | » |
| Midi de la France | 1 | 10 |
| Une année à Florence | » | 90 |
| Le Corricolo | 1 | 50 |
| La Villa Palmieri | » | 90 |
| Le Spéronare | 1 | 30 |
| Le capitaine Aréna | » | 90 |
| Les bords du Rhin | 1 | 20 |
| Quinze jours au Sinaï | » | 90 |
| Cécile | » | 70 |
| Sylvandire | » | 90 |
| Fernande | » | 90 |
| Le Chevalier d'Harmental | 1 | 30 |
| Isabel de Bavière | 1 | 10 |
| Acté | » | 70 |
| Gaule et France | » | 70 |
| Le Collier de la Reine | 2 | 20 |
| La Tulipe noire | » | 70 |
| La Colombe. — Murat | » | 50 |
| Ange Pitou | 1 | 80 |
| Pascal Bruno | » | 50 |

### FRÉDÉRIC SOULIÉ.
| | | |
|---|---|---|
| Le Lion amoureux..... | — | » 30 |

### LÉON GOZLAN.
| | | |
|---|---|---|
| Les Nuits du père Lachaise............ | — | 1 10 |
| Le Médecin du Pecq... | — | 1 30 |

### EUGÈNE SUE.
| | | |
|---|---|---|
| Les Sept Péchés capitaux. | — | 5 » |

*Chaque ouvrage se vend séparément.*

| | | |
|---|---|---|
| L'Orgueil......... | — | 1 50 |
| L'Envie.......... | — | » 90 |
| La Colère......... | — | » 70 |
| La Luxure........ | — | » 70 |
| La Paresse........ | — | » 50 |
| L'Avarice......... | — | » 50 |
| La Gourmandise... | — | » 50 |
| Les Enfants de l'Amour. | — | » 90 |
| La Bonne Aventure.... | — | 1 50 |
| L'Institutrice......... | — | » 90 |

### É. MARCO DE ST.-HILAIRE.
| | | |
|---|---|---|
| Une Veuve de la Grande armée............ | — | » 90 |

### FÉLIX DERIÈGE.
| | | |
|---|---|---|
| Les Mystères de Rome. | — | 1 75 |

### ÉLIE BERTHET.
| | | |
|---|---|---|
| Antonia............. | — | » 90 |

### CHARLES DE BERNARD.
| | | |
|---|---|---|
| La Femme de 40 ans... | 1 vol. | » |
| Un Acte de Vertu et la Peine du Talion.... | — | » |
| L'Anneau d'argent..... | — | » |

### LOUIS DESNOYERS.
| | | |
|---|---|---|
| Avent. de Robert-Robert. | — | 1 » |

### PAUL FÉVAL.
| | | |
|---|---|---|
| Les Amours de Paris... | — | 1 » |
| Les Mystères de Londres. | — | 3 » |

### X. B. SAINTINE.
| | | |
|---|---|---|
| Une Maîtresse de Louis XIII | — | 1 » |

### ALPHONSE KARR.
| | | |
|---|---|---|
| Sous les Tilleuls....... | — | » » |
| Fort en Thème........ | — | » » |

### MÉRY.
| | | |
|---|---|---|
| Héva............... | — | » » |
| La Floride.......... | — | » » |
| La Guerre du Nizam.... | — | 1 » |

### EUGÈNE SCRIBE.
| | | |
|---|---|---|
| Carlo Broschi........ | — | » » |
| La Maîtresse anonyme.. | — | » » |
| Judith ou la loge d'opéra. | — | » » |
| Proverbes........... | — | » » |

Et divers ouvrages de MM. de BALZAC, FRÉDÉRIC SOULIÉ, FÉLIX PYAT, JULES SANDEAU, LÉON GOZLAN, etc., etc.

---

Paris. — Typ. de Mme Ve Dondey-Dupré, rue Saint-Louis, 46, au Marais.

www.ingramcontent.com/pod-product-compliance
Lightning Source LLC
Chambersburg PA
CBHW060511050426
42451CB00009B/921